普天之下・盡是好書

普天出版家族
Popular Press Family

凌雲文創
A-Plus Creative Company

日子難過
越要笑著過 全集

The Wisdom of Life

用微笑面對苦日子的生活智慧

文蔚然——著

捷克作家尤利烏斯・伏契克曾說：
「應該笑著面對生活,不論你目前的日子是如何痛苦和難過。」

其實，在生活的舞台上，
除了必須讓自己像個演員那樣感受痛苦之外，
也必須讓自己像一個旁觀者那樣對自己的痛苦發出微笑，
不論日子再怎麼難過，也必須提醒自己，放下一切用微笑去面對。

• 出版序 •

日子難過，越要笑著過

快樂的人必定是懂生活的人，人生成功與否，不完全是自己所能控制，但是快不快樂，卻隨時掌握在自己的手中。

捷克作家尤利烏斯·伏契克曾說：「應該笑著面對生活，不論你目前的日子是如何痛苦和難過。」

確實，日子再難過，還是得想辦法過，與其愁眉苦臉地抱怨生活中的種種苦痛，還不如用微笑面對。

如果你總是覺得日子不好過，或許那是因爲你根本不曾好好的過日子。

在生活的舞台上，除了必須讓自己像個演員那樣去感受痛苦之外，也必須讓自己像一個旁觀者那樣對你的痛苦發出微笑，不論日子再怎麼難過，也必須提醒自己，別忘了用微笑去面對。

一群學生出社會多年後相約回去母校探望老師。望著一張張熟悉的面孔，年邁的老師感到非常高興，關心地詢問大夥兒：「畢業這麼多年了，你們過得怎麼樣啊？」

老師的一句話，一下子點到了大家的傷心處，學生們爭先恐後地對老師傾訴自己的不如意事。

例如「工作壓力太大」、「主管刻意打壓」、「同事之間勾心鬥角」、「妻子與老媽的婆媳關係不睦」、「孩子在學校一天到晚惹事……」

每個人看到老師，都好像看到救星一樣，一下子把憋在心裡的苦水全都吐了出來。老師靜靜聽著，始終不發一語。一直到大家都抱怨完了，他才從櫃子裡拿出許多杯子，擺在茶几上，讓大夥自個兒倒水喝。

這些杯子有方的，有圓的，有高的，有矮的，有用玻璃做的，有用陶瓷捏的，有的看起來價值不菲，有的一看就是地攤的貨色，各式各樣應有盡有。老師等到每個人的手裡都端了一杯水以後，才指著桌上剩下來的杯子，語重心長地對大家說：「你們看見了嗎？現在你們手上拿著的杯子，都是這裡面最漂亮、最精緻的杯子，對嗎？」

學生們互相望了望彼此手中的杯子，不約而同地點了點頭。

老師繼續說：「人就是這樣，凡事都喜歡追求好看的。然而，現在你們需要的是水，不是杯子。你們總是花心思去挑選一個好的杯子，卻忘了用心去品嚐水的滋味，這正是你們之所以煩惱的原因啊！」

我們的生活，其實就像一杯水一樣簡單。至於那些名利、地位、成就、事業等，都只是用來裝水的杯子而已。

很多人把心思放在這個杯子上，希望可以得到一個最好的杯子，卻忘了眞正珍貴的東西其實是杯子裡頭的水。因爲漂亮的杯子只是用來給別人看的，只有杯子裡頭的水才是自己喝下去的。

人之所以會苦惱，正是因爲他們對事情抱持著「一定要」的想法，一定要功成名就、一定要出人頭地、一定要超越別人……到頭來，只是徒然替自己增添不少壓力與煩惱。

出人頭又怎麼樣？超越別人又怎麼樣？功成名就又能替你換來什麼？

你很可能在追求未來的過程中迷失了自己的現在，也很可能在爭權奪利的鬥爭下遺忘了平凡的幸福。有沒有想過，我們做人最大的目標，其實不是「成功」，而是「快樂」。

如果你認爲自己一定要成功了以後才會快樂，那是因爲你不懂得生活，也不懂得去珍惜身邊所有美好的事物。

一個快樂的人必定是一個懂生活的人，即使身處沙漠，他也能緊握著手中的那一杯清水；即使一無所有，他也能在一杯水當中領略到生命的甜味。

就算日子難過，也要笑著過！人生的成功與否，不完全是自己所能控制，但是快不快樂，卻隨時掌握在你自己的手中。

PART—1 別因壞情緒讓生活沒樂趣

雖然我們沒有辦法阻止事情發生，但是可以決定這件事帶給我們的意義。只要轉換成好的心念，自然能化解壞的情緒。

PART—2

讓自己快樂，是工作成功的法則

讓別人對你豎起大拇指，是一種成功；讓你為自己感到驕傲，也是另外一種成功。

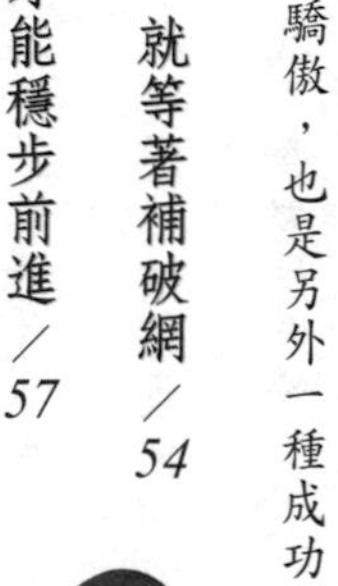

PART—3

擁有熱忱，生活才會快活

做自己真正想做的事，找出內心的渴望。當你正在做自己所渴望的事情時，便是內心達到平靜喜樂的時候。

PART—4

轉念，讓你笑得更開懷

不好的情緒對每個人來說都是負擔，要知道，壞事本身傷害不了你；能夠傷害你的，是那些你自己製造出來的負面情緒。

PART—5

鼓勵，讓你活得更出色

正因為環境是如此惡劣，前方的道路是如此崎嶇，所以你才要表現得比別人更積極、更勇敢、更加有自信。

PART—6

激發潛能，就能超越不可能

大多數人的成功，都是每天比別人多走一點路，每天比別人多思索一個可能性，如此一點一滴成就出來的。

PART—7

相信自己就能夠越過藩籬

失敗的人之所以失敗，並不是因為他們缺乏成功的條件，而是因為他們根本不敢開始。

PART—8

願意苦練，沒有什麼學不會

唯有不斷練習，才能創造完美。如果你一直學不會某樣東西，那可能只是因為你沒有下定決心要「練到會為止」。

PART—9

放下，讓你步伐更輕盈

快樂是一種感覺，我們卻在這種感覺加了太多的附加條件。與其羨慕別人擁有的東西，不如享受自己擁有的當下。

PART—10

反省，讓你處世更清醒

如果你不喜歡你現在身處的位置，大可想辦法換一個位置。要是連換位置都沒有辦法，那麼你可以試圖改變它。

PART—11

心機，讓你做人更高明

鋒芒太露往往招來橫禍，反倒是不突出也不突兀，平凡平靜，這才是得來不易的幸福。

PART 1

別因壞情緒讓生活沒樂趣

雖然我們沒有辦法阻止事情發生，但是可以決定這件事帶給我們的意義。只要轉換成好的心念，自然能化解壞的情緒。

充滿信心就能突破困境

的確，信心有時候是自欺欺人的表現，但無論如何，它真的管用！當你對未來感到茫然的時候，不妨騙騙自己吧！

你是否見過奇蹟？世界上眞的有奇蹟存在嗎？

看了以下的故事，你就會知道奇蹟其實不難遇見，只要你願意相信。

一處礦坑發生了工地意外，六名礦工被活埋在很深的礦坑裡，而礦坑的出口已經被砂石牢牢地堵住。

根據過去的經驗，礦坑殘留的氧氣只足夠讓這六名工人存活三個小時，換句話說，如果他們在三個小時之內無法獲救，很可能會因缺氧而死。

這幾名經驗老到的工人為了節省氧氣，說好要儘量減少身體的活動，大夥兒關掉照明設備，一起躺在地上平心靜氣地等待救援。

現在大家最關心的只有一個問題，就是時間到底已經過了多久？到底他們還剩下多少時間？

六個人當中，只有一個人有戴手錶。一開始，每隔幾分鐘就有人忍不住向這個戴錶人詢問時間，但是隨著戴錶人每一次的回答，六個人的呼吸也就跟著急促了一些，如此一來，反而消耗掉更多的氧氣。

於是，有人提議，由戴錶人每隔十五分鐘主動通報一次時間，其餘的人一律不許提問。

第一個十五分鐘過去了，戴錶人向大家報告：「已經過十五分鐘了。」所有人聽了皆不約而同地倒抽一口氣，感覺自已離死亡越來越近。

為了減輕大家的緊張與痛苦，戴錶人決定悄悄地替大家把時間延長。當他第二次告訴大家「十五分鐘又過了」的時候，實際上已經過了二十分鐘。

第三次，他足足等了二十五分鐘才對大家說：「十五分鐘到了。」

就這樣，當外面世界的時間已經過了四個半鐘頭時，礦坑裡面的人都還以爲他們才剛剛熬過了第三個鐘頭，礦坑裡還有氧氣，他們還有希望。

五個小時過去了，搜救人員好不容易發現了礦工所在的位置。按照他們的專業知識判斷，沒有人可以在缺乏氧氣的礦坑中存活超過四個小時。

搜救人員已經做好了心理準備，知道自己費盡心力拯救出來的可能只會是六具冰冷的屍體。

然而，出乎他們的意料之外，六名礦工之中有五個還留有生命跡象，只有一名礦工因窒息而宣告不治。

他就是戴著手錶，唯一知道正確時間的那個人。

由此可見，所有偉大的奇蹟，都只是「信心」的力量。信心是一種態度，面對你選擇要做，或是不得不做的事情時，你可以告訴自己：「我做得到！」也可以告訴自己：「我一定做不到。」

告訴自己「我一定做不到」，你會越做越沒勁，也會越做越想要放棄。相反的，若是告訴自己「我做得到」，就算遇到了再多的困難，也會咬緊牙關，滿懷希望地撐下去。

沒有人能決定事情的發展，但是可以決定自己要告訴自己什麼。

信心不能給你需要的東西，卻經常可以告訴你如何得到想要的東西。的確，信心有時候是自欺欺人的表現，但無論如何，它眞的管用！

當你對未來感到茫然的時候，不妨騙騙自己吧！假話講多了，很容易就會弄假成眞，然後在心裡就會繼續懷有堅持下去的力量。

相信自己會成功的人，比較容易成功。

從不同的角度，找到生活的富足

有時候，堅持是一種愚昧。而所謂的愚昧，就是不斷地用同樣的方法做同樣的事情，卻期待不同的結果。

成功的人，必定是個「有辦法」的人；而一個「有辦法」的人，必定是一個喜歡「想辦法」的人。

有個剛踏出校門的小夥子，年紀輕輕就在商場上闖出一番名堂。

許多人都前來向他討教致富的秘訣，小夥子說：「我並沒有比別人聰明，也沒有比別人讀更多的書，我之所以能有今天的成就，只是因爲我和大多數人的想法有些不一樣罷了。」

接著，他反問在座的人：「如果聽說某地發現了一處金礦，你身邊的人都跑去採礦了，你會跟著去嗎？」

「當然要去囉，而且還要比所有人都更快抵達那裡呢！」其中一個人說出了大夥兒的心聲。

「但若前方有一條大河阻擋了你的淘金之路，你該怎麼辦呢？」

「嗯……我想我還是不會放棄，無論如何，我一定要想盡辦法到達那裡。」那人意志堅定地說。

「是啊，這就是我和你們不一樣的地方了，」小夥子笑著說：「換做是我，我會立刻打消淘金的念頭，趕緊投入運輸事業，成立快艇船隊，把所有懷抱淘金夢的人運送到河的對岸，再把滿載而歸的淘金客平安地載回來，誰說發財的方式只有一種呢？」

是的，賺錢的方式永遠不會只有一種。

計劃永遠趕不上變化，如果你的計劃沒有辦法對你有幫助，那麼你就應該大膽地捨棄掉它。

寧可不按牌理出牌，也不要被無用的計劃限制了你的思路。

有時候，堅持是一種愚昧。而所謂的愚昧，就是不斷地用同樣的方法做同樣的事情，卻期待不同的結果。

對於我們心目中的理想，當然應該要堅持。但是對於達成理想的方式，我們可以有更多不同的選擇。

如果用這種方法沒有辦法達到預期的目標，那麼就應該要嘗試用另外一種方法，而不是再一次重複自己先前犯下的錯誤。

俗話說得好：「條條大路通羅馬。」即使我們已經用盡任何方式，卻依然沒有辦法達到自己設下的目標時，也要記得：生活的方式不會只有一種。

懂得變通不隨波逐流的人，比較容易成功。

用積極的心態化解不平等的阻礙

越是出身貧寒，越應該要加倍努力。貧窮可能會限制你的發展，卻不能阻止你發揮自己的天分。

成功的人分兩種：一種是銜著金湯匙出生的人，他們的成功，多半歸因於生來賦予的好運氣；另外一種，是白手起家的人，他們的成功，往往可以造福許多人。後者不但可以將成功的結果和許多人分享，成功故事還可以激勵更多人爲邁向成功而努力。

伊爾布拉格就是一個最好的例子，他是美國歷史上第一個獲得新聞界最高榮譽——普立茲獎的黑人記者。

然而，打從他懂事開始，從來沒有想過自己在將來會有如此這番成就，因爲他出身於一個貧窮的家庭，父母親都靠打零工維生，他也一直以爲這就是他將來人生的寫照。

直到有一天，父親帶他去參觀名畫家梵谷的故居，他看見入口處擺著一雙裂了口的破鞋，驚訝地問父親說：「這是梵谷穿過的鞋子嗎？」

「是啊。」父親點點頭。

「這雙鞋子破得這麼厲害，難道梵谷生前很窮嗎？」

「嗯，他很窮，窮得連一雙新鞋子都買不起。」

「可是他是一位很成功、很傑出、很偉大的畫家耶！」小小年紀的伊爾實在想不通這個邏輯。

他的父親於是對他說：「沒錯，梵谷的成就比一般人都還要偉大，但是他過的日子卻比一般人都還要差。」

「你有沒有想過，這可能是老天爺特意的安排呢？他讓梵谷出身在貧窮的人家，使他遠離一切金錢、權力、虛名的誘惑，好讓他可以全心全意地專注在他最有天分的事情上，獲得比那些汲汲於名利的人還要大的成功。」

父親的這番話深深打動了伊爾的心，他因此明白了一個人的出身並不能阻礙成功，只要他願意不斷地朝成功的方向前進。

沒錯，窮人想要出頭天，勢必得付出比富有的人更多的努力。但是，生來平凡的人就該因爲感到不公平而放棄努力嗎？

這個世界的確是不公平的，更不公平的是，有錢人不努力，可能還是可以很有錢，但是窮人不努力，只會變得更窮。

因此，越是出身貧寒，越應該要加倍努力。

很喜歡伊爾布拉格父親的那句話：「貧窮可能是老天爺特意的安排。」經歷過貧窮的人，比那些從來沒吃過苦的人更懂得惜福；經歷過貧窮的人，也比那些

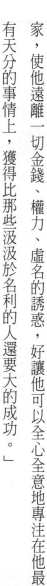

銜著金湯匙出生的人更渴望成功。

能夠戰勝貧窮的人，絕對比那些一輩子富貴的人更值得尊敬。貧窮可能會限制你的發展，卻不能阻止你發揮自己的天分。「家裡環境不好」，可以是你自甘墮落的藉口，也可以是你積極上進的原動力。

日本「經營之神」松下幸之助曾說：「我之所以有今天，是因為我出身貧寒、有志的緣故。」

由此可見，把阻力變成助力的人，比較容易成功。

別因壞情緒讓生活沒樂趣

雖然我們沒有辦法阻止事情發生，但是可以決定這件事帶給我們的意義。只要轉換成好的心念，自然能化解壞的情緒。

一項以美國前五百大企業員工作爲抽樣對象的調查顯示，一個人的ＥＱ對工作成就的影響，大約爲ＩＱ的兩倍，而一個人的職位越高，ＥＱ的影響指數也越高。因此，不要讓自己的情緒阻礙了你的成功，想要把事情處理好，就必須先把心情整理好。

幾年前，美國的新聞曾經報導過這項消息：

一個女孩搭公車上班時，在公車上突然感覺自己的臀部被人摸了一下，她詫異地回頭一瞧，那隻鹹豬手卻早已消失不見。女孩平白無故被人吃了豆腐，怨氣無處發洩，一整天下來，她的情緒都十分低落。

這樣的情緒反映在她的工作表現上，這名女孩是一家超級市場的收銀員，由於她工作的時候心不在焉，不僅替客人結帳的時候找錯了錢，還因爲情緒不佳而和顧客發生了口角。

客人大聲地抱怨女孩一點服務的熱忱都沒有，還聲明自己以後絕對不會再來這家超市買東西！

女孩聽了，只是故作瀟灑地聳一聳肩，在心裡默默地說：「沒關係，少了你這個客人，我們超市也不會因此而倒閉。」

沒想到這名客人回去以後，把這件事情寫成一篇短文，在報紙上發表。這間超市的方圓數公里之內，有百分之三十的民眾都是這家報紙的長期訂戶，許多人都知道了這個消息。

經過媒體的渲染，大夥兒一傳十十傳百，使得接下來的一個星期，超市的業績整整下滑了五十個百分點。店長承受不了龐大的店租壓力，超市立即閃電宣佈結束營業。

日子難過，越要笑著過

很難相信吧，一家超市的結業，竟只源自於一個女孩的情緒！

雖然不是每個人的際遇都像這名超市店長一樣悲慘，但不容否認，一個人是否能妥善地管理好自己的情緒，決定了他成就的高低。

脾氣好的人，人緣自然好，貴人自然也多。因爲知道人生不可能凡事順遂，所以我們更應該要爲自己的情緒找一個平衡點。

記得好萊塢賣座電影〈親親小媽〉（Stepmom）中，繼母看見她的女兒因爲受到同學欺負而哭泣不已時，說了一句話：「妳要嘛，就抱頭大哭；要不然，就幹點事兒！（Either cry or do something!）」

要知道，壞情緒對我們一點幫助也沒有，我們不應該放任壞情緒漫無邊際地擴張。當你遇到一些令你感到無能爲力的壞事時，不妨想想王安石的這首詩：風吹屋簷瓦，瓦墜破我頭；我不恨此瓦，此瓦不自由。

雖然我們沒有辦法阻止事情發生，但是我們可以決定這件事帶給我們的意義。只要轉換成好的心念，自然就能化解壞的情緒。

有好情緒，才能有好運氣。懂得化解壞情緒，並且創造好情緒的人，比較容易成功。

用偶然增添生活的色彩

成功的確是偶然的，所謂的「偶然」，通常不會在你需要的時候剛好出現，它總是驚鴻一現，只有有心人才懂得把握。

許多偉大事物的發明，其實都源自於某件微不足道的小事。

家裡的玻璃瓶子碎了，大部分人都只會高呼驚嘆，然後再無奈地收拾殘局。然而，卻有兩個人從中聯想到一般人沒有注意到的事，繼而改寫了自己的生命腳本。

其中一位，是丹麥的物理學家雅各布博爾。

他有一次無意打碎了家中的花瓶，在收拾碎片的過程中，發現花瓶規律地裂成了幾種不同大小的碎片。

其中，重量超過一百克的碎片最少，小於十克的碎片較多，不到一克的細小碎片最多。雅各布進一步將碎片按照大小分組放好，驚訝地發現這些碎片之中，最大塊的那組碎片平均重量是次大塊的十六倍，次大塊的那組碎片平均重量又是小塊的十六倍。

雅各布經過一連串精細的實驗考證，推出了「碎片理論」，運用這項理論，考古學家和天文學家可以由文物、隕石的碎片準確地還原事物本來的樣子，令人類文明的保存又跨越了一大步。

另外一個因打破東西而改變一生的人，是美國芝加哥ＢＢＫ公司的總裁約翰巴比克。ＢＢＫ公司是一家專門銷售黏合劑的公司，他們公司的產品特色在於黏性十足，而且黏合的部位幾乎無法用肉眼看出來。許多古董收藏家都會使用這種黏合劑來修補破損的玻璃瓷器，因此，ＢＢＫ公司才成立沒多久，就獲選爲當年度芝加哥最具影響力的公司之一。

然而，這家公司的總裁約翰既不是化學家，也沒有唸過什麼書。他只是因爲不小心打破了傳家之寶——一只中國古瓷花瓶，所以下定決心要發明一種黏合劑，讓花瓶恢復原狀。他用土法煉鋼的方式，前後使用了樹脂、漿糊、糯米，甚至蛋清一一做研究，歷時兩年多的時間，終於讓他完成心願，製造出這一種前所未有的超強黏合劑。

成功的確是偶然的，想要成功，就必須學習捕捉生活當中的「偶然」。所謂的「偶然」，通常不會在你需要的時候剛好出現，它總是突如其來地驚鴻一現，只有有心人才懂得把握。

也有人將這種「偶然」稱爲「靈感」，許多偉大的創意，都來自於靈感的啓發。但是，靈感可能會自已從天上掉下來一次，卻不會掉下來太多次。想要靈感源源不絕而來，平時就必須不斷地去找尋、去蒐集。

一位知名劇作家在被人問到，什麼是他在創作時遇到最痛苦的事情，他說：「最痛苦的事情，就是快要睡著前，忽然想到了什麼點子，那時不管再怎麼想睡覺，都得爬起來把它記下來，要不然，靈感是不會等人的啊！每個ＳＯＨＯ創作者看起來像是時間的主人，實際上卻都是靈感的奴隸。」

沒錯，靈感是不會等人的。「偶然」曾經發生在每個人的身上，卻不是每個人都懂得把握。刻意去抓住「偶然」的人，比較容易成功。

形象讓實力更有吸引力

有好實力，更要有好形象。因為，有好的形象，才能吸引更多人想深入了解你的實力。

顧好自己，你或許可以成爲一個好老闆；但若關心整個產業界，你可以成爲一個成功的企業家！

老闆和企業家的差別不在於「能力」，更在於「眼光」。

某市市長不僅受到市民的愛戴，還經常出國參訪。

一天，市長收到一封電子郵件，是一家假髮公司寄來的。

信上寫著：「親愛的市長，昨天在電視上看到您的風采，認爲您器宇軒昂、談吐不凡，唯一美中不足的，就是您頭頂上的假髮無法襯托出您的氣質。希望您能賜予敝公司一個上門服務的機會，在下一定竭盡所能，爲您打造出一頂最適合您的假髮。」

市長看了信，吩咐秘書回信，婉拒對方的好意。他想，這年頭商人爲了賺錢眞是無所不用其極！這家假髮公司雖然誠意十足，但說穿了，也不過是想要利用這個機會打響自己的名號罷了。他才不會就這樣被人利用呢！

然而，雖然市長拒絕了對方的請求，但是幾天以後，那家假髮公司還是請人送了一個包裹來，裡頭是一頂專爲市長設計的假髮。

市長勉強試戴了一下，沒想到立即受到辦公室裡所有人的一致好評。

好奇之下，市長查探了那間假髮公司的資料，發現那是目前全國最大的一家假髮公司，而且使用他們家產品的名人不計其數，根本不差他這一個。

市長感到非常納悶，致電向假髮公司老闆致謝的同時，特地問對方：「其實我這樁生意做不做，對貴公司來說並沒有什麼影響，爲什麼你們還要這麼大費周章地送假髮給我呢？」

假髮公司老闆的回答是這樣的：「沒錯，這樁生意有沒有做得成，對我們公司的營業額的確沒有多大的影響。可是您是市長，經常代表國家出國受訪，在國際媒體上曝光，若是讓人看見您戴了一頂蹩腳的假髮，您自己難看不說，別的國家的人還可能以爲我們國家沒有能力做出高品質的假髮，進而影響了我們這個產業在國際間的競爭力。爲了避免這種誤會發生，我說什麼也要親自替您打造一頂優質的假髮，還望您多多見諒啊。」

日子難過，越要笑著過

好形象能帶來好名聲，好名聲能造就好生意。

如果想知道形象到底有多重要，不如問問自己究竟有多麼重視形象！

想想看，在你眼前同時出現一家裝潢雅緻的餐廳，和一家破舊不堪的小店，你會比較想走進哪一家？

當你面前站著的是一個穿著乾淨皮鞋的年輕人，和一個穿藍白拖鞋的小夥子，你會比較想要認識誰？

在我們日常生活中，像這樣光憑外表就必須做出選擇的機會多不勝數，沒有人有多餘的時間和耐心去把每一件事都徹底摸清楚，因此，我們唯一可以憑藉的參考點，就是事物給人的「印象」。

舉個例子來說，外國人來到台灣，都知道要買台灣的茶。但是，他們是怎麼知道台灣出產的茶特別好呢？

難道他們每個人都曾經喝過嗎？難道他們對茶有研究嗎？

不，他們之所以想要買台灣茶，是因爲他們「聽說」台灣的茶好。換句話說，就是因爲台灣茶在國際間的名聲好、形象好，所以別人對它的興趣也特別高。

按照這個道理來看，你我能不重視自己的形象嗎？

有好實力，更要有好形象。因爲，有好的形象，才能吸引更多人想深入了解你的實力。用心打造出好形象的人，比較容易成功。

懂得不滿足，才會更幸福

人必須對現狀有所不滿，才會試圖去改變現狀；同樣的，人必須對自己感到不滿，才會努力去提升自己。

有句話說：「知足常樂。」的確，想要快樂，我們應該懂得知足；但若想要長久的成功，則必須學會永不知足。

曾經聽過這樣一個故事。某個王國的小王子誕生了，這是國王和王后期盼已久的禮物，他們不但無時無刻不把新生的兒子捧在手掌心呵護，還特別替小王子舉辦了一場盛大的宴會，慶祝王子滿月。

宴會當天，賓客雲集。天神特地派了七個貌美如花的仙女來爲小王子祝壽。每位仙女都呈上一樣禮物送給小王子，分別是「智慧」、「力量」、「勇氣」、「品德」、「英俊」、「財富」和……「不滿」。

「什麼？這是什麼禮物？」國王並不滿意第七位仙女所送來的禮物，他怎麼可以容許他寶貝兒子的人生中有任何一絲「不滿」？

就這樣，第七位仙女被迫收回了她的禮物，悻悻然地走了。

小王子在萬千寵愛的包圍下，順利長大成爲一個既富有又勇敢，充滿力量與智慧，人格高尚的美男子。然而，因爲他心中沒有任何一絲不滿，所以他對事情也從來沒有一點渴望和狂熱。

他是那麼地滿足於現狀，那麼地沉浸在現有的平靜之中，所以一直到快要步入中年了，仍然沒有展現出一個王位繼承人應該具備的才華特質。

年邁的國王非常焦急，也非常困惑。他不是已經給了他的孩子世界上最美好的一切了嗎？爲什麼他的孩子卻仍然是個平庸之輩呢？

天神聽見了國王的心聲，特地下凡來替他解惑，天神說：「我當初派仙女送給王子一份叫做『不滿』的禮物，你爲什麼沒有收下呢？」

國王這才明白，「不滿」這份禮物看似沒有價值，然而，人們正是因爲心存「不滿」，所以才會積極進取，努力地活出自己的價值啊。

人必須對現狀有所不滿，才會試圖去改變現狀；同樣的，人必須對自己感到不滿，才會努力去提升自己。

然而，過與不及都是不恰當的。擁有適度的不滿是必要的，但若是長期處在不滿的情緒當中，很容易會讓人忘了享受眼前的樂趣。

對此，新一代激勵大師馬克．桑布恩提出了一個新的名詞，叫做「積極的不滿足感」。何謂「積極的不滿足感」？套句美國方程式賽車冠軍亞歷士．桑納迪的話：「每一天都要為自己所擁有的一切感到幸福，並好好享受，但是永遠不能因為幸福過度而停止追求。」

是的，最好的狀態是「知足常樂而又不停前進」的狀態。若是你因爲滿足於現狀而停止進步，那麼，十年後的你和今天的你又有什麼差別？

不停地前進，不僅僅是爲了追求更大的成就，更重要的是，要雕塑出一個更好的自己。記住，只要每天進步百分之一，十年之後你一定會是人才，到你過世之後，後人就會稱你爲天才！

隨時保持一份「積極的不滿足感」的人，比較容易成功。

把時間浪費在想做的事情上

短時間就能學會的東西，一定很多人都會。如果想要擁有別人所沒有的技能，就必須投入比別人更多的時間。

站在人生的十字路口，你是否曾經徬徨猶豫過？你能夠明確地知道自己未來想走的是哪條路嗎？

一個即將畢業的大學生和教授討論自己未來的生涯規劃。

他擔憂地問教授：「現在大學畢業生在社會上一點競爭力都沒有，您認爲我應該出國唸研究所，一路唸到博士，還是應該早點投入就業市場呢？」

「嗯，這的確是個兩難的問題，」教授說：「取得博士學位對你的前途的確有很大的幫助，但是必須要知道，讀博士不是一年兩年的事情，很多人花了將近十年才拿到學位，你有長期抗戰的心理準備嗎？」

「要這麼久才能拿到博士學位啊？」學生的表情有些吃驚，扳了扳手指算了一下：「我現在二十二歲，十年幾乎等於是我人生的一半耶！要花十年唸博士，等到我拿到學位的時候，我已經超過三十歲了！到時候才來找我的第一份工作或教職，不嫌太晚嗎？」

「是啊，十年對你來說或許很長，可是你想想，就算你不出國留學，你也總有一天會超過三十歲，不是嗎？」

「是的。」學生點點頭。

「這就對了，你現在應該知道，時間的長短不是問題，問題是你是不是眞的把時間花在你眞正想做的事情上面。」

「我們所度過的每一分鐘都會成爲我們人生的一部分。你可以用這十年來工作，可以用這十年去留學，甚至可以用這十年旅行、玩樂，不管你選擇用這十年來做什麼，十年的光陰一樣都會過去。所以，你要盡可能地利用時間，而不是被時間所限制。」教授語重心長地說。

你知道一棵樹從小樹苗長成大樹需要多少時間？你知道一瓶陳年好酒需要經過多少歲月？你知道從學字母開始到精通一種語言大約需要幾年？你知道從底層爬到頂端要熬過多少個年頭？

一棵小樹要長成大樹，至少需要五年的時間，一瓶酒需要默默等待十幾個年頭，才可堪稱爲「陳年」，一個人想要把外國語講得和外國人一樣好，最快的方法，是直接在當地住上七年。

即使外在條件完美如林志玲，也花了整整八年的時間，才爬到第一名模的位置。因此，我們應該知道，沒有一種成功不需要「時間」的加持。

短時間就能學會的東西，一定很多人都會。如果你想要擁有別人所沒有的技能，就必須投入比別人更多的時間。

只要你是眞心想要完成一件事情，那麼花上再多的時間也不爲過。只要你在這段漫長的時光中，是不停前進的，是一天比一天進步的，那麼就算到頭來你仍然沒有達成原先設定的目標，也一定會有其他的收穫。

有句非常有名廣告詞說：「生命就該浪費在美好的事物上。」

這句話說得眞好！如果你做的每一件事情都是美好的，都是你眞正想做的，那麼，就算浪費時間又有什麼關係呢？

要是強迫自己把時間花在對自己無意義，又沒好處的事情上，那才是眞正的浪費時間！

發明大王愛迪生曾經說過：「我對年輕人的忠告，就是——認真做事時，千萬別看鐘錶。」

願意爲理想付出時間的人，比較容易成功。

學著獨立，才懂享受生命

只有自己親手種下的種子，結出來的果實才是最甜美的。唯有經歷過的人，才能領略出這份用錢也買不到的人間美味。

大太陽底下，一名年輕人頂著烈日，汗流浹背地在碼頭搬運貨物。這份辛苦的勞力工作可以爲他賺得下個學期的學費。

這個年輕人名叫哈里，是哈佛大學企管系的高材生。要知道，哈佛大學雖然是全美首屈一指的名校，但是它的學費也是數一數二的昂貴。哈里得花費整個暑假的時間來打工，才可以負擔自己沉重的學雜費以及生活開銷。

像哈里這樣獨立自主、自給自足的年輕人比比皆是。但是你可能沒有想到，哈里的另外一個身分，是洛克菲勒財團董事長的孫子。

洛克菲勒家族的資產將近百億美元，別說是繳交哈里的學費了，他們家的錢多到就算買下整個哈佛大學也綽綽有餘。然而，爲什麼哈里仍然必須和窮人家的小孩一樣，靠自己的勞力來養活自己呢？

原來，是因爲洛克菲勒家族有這樣一條家規：家族成員凡是年滿十八歲，就必須自己負擔自己的生活開支。目的是要讓他們嘗試用自己的雙手去賺錢，了解金錢得之不易，並且體會生活的壓力。

這樣的經歷可以給年輕人帶來很好的一課，只有當他們學會自己想辦法生存下去，才有能力帶領企業安然度過各種艱難的困境。

每個人都想要成功，但是成功的前提是獨立。因爲，只有當一個人完全獨立時，才能培養出解決問題的能力。

這裡所謂的「獨立」，並不是完成學業、踏入社會、轉大人，或是成家立業以後才要做的事情，一個人的獨立性格，必須從小開始培養。

記得有次電視節目訪問Google的兩位創始人，記者問他們將自己的成功歸功於哪一間學校時，他們的答案並不是赫赫有名的史丹佛大學以及密西根大學，而是他們所就讀的小學。

因爲在那裡，他們學會了「自己的事，自己負責，自己解決」這個習慣影響了他們的一生。

只有完全的獨立，才能創造出完整的經歷；只有完整的經歷，才能讓人獲得遼闊的智慧。一個獨立的人，懂得負責，也懂得選擇。因此，他可以勇敢地面對任何問題，並爲自己做出最好的選擇。

以積極的角度來看，「獨立」等於「能力」。但是消極一點來說，人生其實未必要擁有多大的成就，只要不連累他人、不麻煩到別人，就已經可以算是一個成功的人。

有些人口口聲聲說要幹大事業，回到家裡卻連自己的臭襪子也懶得洗；有些人老是擺出一副不可一世、公子哥兒的姿態，但是連送女朋友的手機都是由父母來買單；有些人讀了一點書，就覺得自己很了不起，卻忘了究竟是誰出錢供他讀書的。

而你，是這些人當中的一個嗎？

這樣的人永遠不會知道什麼是眞正的成功。他們可能會有成就，可能會擁有許多東西，可能會以爲自己很成功，但是他們絕對沒有機會品嚐到那份從無到有、苦盡甘來的快樂。

只有自己親手種下的種子，結出來的果實才是最甜美的。唯有經歷過的人，才能領略出這份用錢也買不到的人間美味。

如果你也想品嚐這種滋味，就一定要時時記住：凡事不依賴別人，全憑自己的人，比較容易成功。

PART 2

讓自己快樂，
是工作成功的法則

讓別人對你豎起大拇指，是一種成功；讓你為自己感到驕傲，也是另外一種成功。

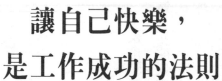

野心太大，就等著補破網

成就不在於大小，成功不在乎早晚。只要努力，就一定會有所成就；只要盡力，就已經是一種成功。

夜市的撈魚遊戲很多人都曾經玩過，但是你知道這道遊戲的秘訣嗎？該怎麼做，才能成功撈出魚來呢？

有個小夥子在夜市玩撈魚遊戲，只要可以用一只薄薄的紙網成功地把水池裡的金魚撈起來，那條魚就屬於他的。

年輕人一連撈破了五個網子，卻連半條魚也沒有撈到。

他一時氣憤，忍不住把氣出在擺攤子的小販身上：「你們用的網子也太薄了吧，這麼薄的網子，怎麼可能把這麼重的金魚撈起來呢？」

「是啊，這麼薄的網子，是不可能把太重的金魚撈起來的。」小販點點頭，慢條斯理地說。接著，他也拿起一只紙網，以極熟練地姿態往水面一劃，便輕而易舉地撈起了一條金魚。

「你看，不是我的網子太薄，而是你的野心太大了。」小販說。

「你們這些來玩遊戲的人，一心一意想把最大的金魚撈走，也不想想網子這麼薄，怎麼可能承受得了大金魚的重量？玩這種遊戲就要像我，只把目標鎖定在最小的那一條金魚，這麼一來，很容易就可以撈到魚了。」

每個人都想要做大事，但並不是每一個人都有能力做大事，也不是每一個人都非得做大事不可。

如果你只是一只小網，那就選一條與你匹配的小魚來撈吧。

勉強自己去做自己做不到的事，不僅不會有成果，恐怕還會製造出更多的遺憾。成就不在於大小，成功不在乎早晚。只要努力，就一定會有所成就；只要盡力，就已經是一種成功。

不要專挑自己想做的事情來做，要做自己想做而且做得到的事。量力而爲的人，比較容易成功。

避開危機才能穩步前進

想要不觸礁，就必須先確定深水在哪裡。同樣的，若想不失敗，就要先搞清楚危機在哪裡。

很多人都在問：成功的秘訣到底是什麼？

其實，成功的秘訣很簡單，只要可以順利避開那些可能會讓你失敗的事物，自然就能成功。

有一艘載滿乘客的郵輪航行在大海上。

這個海域是出了名的危險，水底下佈滿清晰可見的大塊礁石和被海流隱沒的暗礁，很多輪船都曾經在這裡發生過事故。

當船行駛過這片海域之時，船上所有的乘客無不提心吊膽，祈禱大夥兒能夠平安無事。只有船長一個人仍然氣定神閒地指揮若定，看起來一點兒也不擔心。

好不容易安全通過了險區，旅客們總算鬆了一口氣。

一名乘客忍不住好奇地問船長：「看你剛才那一臉自信的樣子，我想你航行的經驗一定很豐富，一定對海底的每一處礁石都瞭若指掌吧！」

然而，船長的回答卻出乎眾人的意料之外。只見船長搖搖頭，很坦然地承認說：「不，其實我並不完全知道水中的礁石在哪裡。」

「你不知道水裡哪裡有礁石，那你怎麼開船呢？」

「雖然我不能完全掌握水中礁石的位置，但是我只要確知水裡哪裡『沒有』礁石，不就可以了嗎？」船長笑著說。

日子難過，越要笑著過

想要不觸礁，就必須先確定深水在哪裡。

同樣的，若想不失敗，就要先搞清楚危機在哪裡。

許多人在衝刺事業的過程中，一心只想著要如何飛黃騰達，要如何賺很多很多的錢，卻忽略了其中的風險計量，所以很容易就跌個粉身碎骨。

但是，另外一些人卻不這麼想，他們不會花太多時間去思索自己要到達什麼樣的地位，而是將大部分的心思著力於要怎麼樣才能讓自己保持在安全穩固的範圍之內。雖然這種人不會有什麼非常突出的表現，但是他們往往都可以全身而退。

如果你沒有超越達文西的智商、媲美畢卡索的才華、愛迪生般的創業意志，也沒有很有錢的老爸，那麼你就不應該滿腦子都只想著哪裡有商機，而要時時提醒自己危機在哪裡。

小心駛得萬年船，安全而緩慢地賺錢，比一飛沖天而後摔得粉身碎骨來得實在多了，不是嗎？

把「避開礁石」視爲首要目標的人，比較容易成功。

慧眼巧思發掘廢物的價值

我們每天在不知不覺中，浪費了多少東西？這些看似沒有價值的東西，原來都是還沒有被你我發掘的寶藏。

美國富翁J．R．辛普洛特的創業故事不管到了哪一個年代，都是一則值得人們效法的傳奇。

辛普洛特起初只是一個平凡的養豬農戶，收入只能勉強維持家計。

當時正逢第二次世界大戰，辛普洛特偶然獲得了一則訊息，知道前線的軍隊需要大量脫水蔬菜，於是把握機會，貸款買下了當時美國最大的脫水蔬菜工廠，製造脫水加工的馬鈴薯專門銷往前線。

光是這樣還不夠，辛普洛特十分注意每一條關於馬鈴薯的訊息。大戰爆發的兩年之後，紐約一位化學家研製出炸馬鈴薯條這種新吃法，辛普洛特看出其中口感新鮮、食用方便的特性，決定大量生產，讓前線的士兵嚐鮮。

這項風味獨特的新產品令辛普洛特一舉成名，也因此大賺了一筆。

雖然已經達到了賺錢的目的，但是辛普洛特仍然沒有停下腳步。

他發現，炸薯條的製作過程中，每個馬鈴薯眞正被利用到的部分大約只有一半，剩下的一半全都被扔進垃圾桶裡，實在太可惜了！

於是，辛普洛特利用從前養豬的經驗，將剩餘的馬鈴薯摻雜穀物做成飼料，作爲前線十五萬匹戰馬的糧草。

接著，他把戰馬的糞便蒐集起來，作爲沼氣發電廠的原料。用來清洗馬鈴薯的水也不能白白浪費，這些廢水的含糖量豐富，是灌溉農田最好的肥料水。

辛普洛特循著「不浪費資源，從大處著想」的精神，利用馬鈴薯創造了好幾億美元的財富，一直到年過九十，仍然是美國排在前三百名的富豪。辛普洛特不僅爲自己賺取了財富，同時也造福了整個社會。

辛普洛特的成功哲學，無非是想辦法讓手上的每一分資源都發揮力量，積少成多，造就出一股威力驚人的強大力量。雖然我們不像辛普洛特生在一個到處都是機會的時代，但是辛普洛特的精神適用於每一個年代。

我們販售的東西雖然不是馬鈴薯，而是其他可能的任何東西，甚至是我們自己，但是同樣的一個觀念是：我們是否確實利用了我們手上、我們身邊的每一分資源？我們還可不可能再賦予事物更多的價值？我們每天在不知不覺中，浪費了多少東西？

這些看似沒有價值的東西，原來都是還沒有被你我發掘的寶藏。

顯而易見的財富大家都會想辦法爭取，但是眞正的寶石往往都隱藏在砂礫堆中。善用每一分資源的人，比較容易成功。

資源共享，幸福分享

如果自己可以搞定，當然不需要便宜他人，若單憑自己的力量還不夠，就應該要敞開胸懷，幫助別人同時也幫助自己。

想要有偉大的成就，就必須先有偉大的胸襟，不只看待事情如此，對人更應該要這樣。

一名園藝家從荷蘭旅行回來後，引進了名貴的鬱金香花種，希望可以種出和歐洲一樣的美麗鬱金香。

春天到了，園藝家苦心栽植的鬱金香開花了。只是，名貴的花種長出來的花看起來一點兒也不名貴，甚至比一般的鬱金香還要醜。

怎麼會這樣呢？園藝家懷疑是因爲附近鄰居的花田也都種植鬱金香，只是他們種的是廉價的花種，或許正因爲那些廉價鬱金香的花粉經過空氣傳送過來，導致他花房裡的鬱金香變了種。

爲了杜絕情況繼續惡化下去，園藝家考慮是否應該把花房遷移到空曠的地方，或是建個與世隔絕的溫室，專心培植他的寶貝鬱金香。

只是，這兩個方案皆所費不貲。

園藝家把他的煩惱告訴了他的太太。他的太太絲毫不懂花藝，但是聽了丈夫的話以後，卻立即想出了一個絕妙的好點子。

她說：「反正我們從荷蘭買回來的種子還有很多，不如把這些種子分送給附近的花農，大家都一起來種名貴的鬱金香，問題不就解決了嗎？」

園藝家照著太太的提議去做。

第二年，整片浩瀚花田全部都開滿了純種的鬱金香，場面之壯觀，吸引了新聞媒體爭相來採訪，園藝家不僅省下了巨額的宣傳費用，鬱金香所帶來的利潤更是遠超過他原本的計劃。

原來，最大的成功，並不是打敗競爭對手，而是與對手合作，共同創造出更大的利益。

如果自己可以搞定，那麼當然不需要白白便宜他人，但若單憑自己的力量還不夠，就應該要敞開胸懷，幫助別人，同時也幫助自己。

常聽人家說：「不要去看別人爲自己做了什麼，而要去想自己能爲別人做什麼。」然而，生意場上恰恰相反，你爲別人做了什麼，一點兒也不重要，根本不必去計較。

著眼於別人能夠爲自己帶來些什麼，反而比較實際。只要別人能爲自己帶來利益，那麼便宜別人又有什麼關係？

不要再重演「一個和尚挑水喝，兩個和尚抬水喝，三個和尚沒水喝」的老戲碼了。仔細想想看，如果三個和尚能夠各自想辦法打來一桶水，大夥兒互相和對方分享自己苦心經營的成果，彼此資源共享，不就等於每個和尚都有三桶水可以喝了嗎？

一加一再加一不一定等於三，如果運用得當，甚至會變成三乘以三。所謂「送花予人，手留餘香」就是這個道理。

不吝嗇和別人分享幸福的人，比較容易成功。

放膽去做，才有機會圓夢

想法再好，也只有自己知道，非得要把想法落實於現實，才能讓大家都能清楚看見。

這個故事，或許可以給所有抱著創業夢的人作爲參考。

有個年輕人在社會上工作幾年以後，存了一筆錢，打算自行創業。

他不是有錢人家的孩子，這些錢是他所有的積蓄，若不幸創業失敗，他不但會落得一窮二白，還可能會變得一無所有。年輕人感到非常徬徨，因此，特地去請教一位知名企業家，希望前輩能給予他一些意見。

企業家知道了他的來意之後，語重心長地對他說：「每個創業的人都有自己的想法，在你落實自己的想法之前，沒有人可以確切地告訴你，你的未來將會變成怎麼樣，因爲每個人都有自己的創業藍圖。你的藍圖如果換成是我來做，未必會成功，但是我做不到的，不代表你做不到。」

企業家說到這裡停頓了一下，接著繼續說道：「如果一定要我給你什麼意見的話，我只能告訴你三個字——不要怕。這三個字夠你用三十年了。」

年輕人聽了這番話，猶如醍醐灌頂。他照著企業家的叮嚀，毫不猶豫地朝自己決定的方向走，果眞取得了一番成就。

三十年後，當年叱吒風雲的知名企業家已經退休，年輕人也不再年輕。雖然他實現了自己的夢想，但是對於下一步應該要怎麼走，還是不免覺得有些疑慮。在一次餐聚的時候，中年企業家向已經退休的老企業家說出了自己的心事：「雖然我已經打拼了這麼多年，但是我仍然覺得自己還有一些地方做得不夠好，唉，要是可以讓我早一點開竅，或是讓我從頭來過，我想我的成就絕對不會只有今天這樣！」

老企業家聽了，仰頭大笑：「誰不是這樣呢？如果可以從頭來過，我們都一定可以做得比從前更好。問題是，人生根本不可能重新來過啊！」

接著，老企業家拍拍晚輩的肩膀，慈祥地說：「人的前半生，想做什麼就放大膽去做，千萬不要怕；到了後半生，我們一定要記得，做了就認了，凡事不要後悔。」

曾經聽過老一輩的人說：「讀書不要怕難，最怕沒有想學的念頭；做事不要怕難，最怕沒有想試著做的念頭。」

想法再好，也只有自己知道，非得要把想法落實於現實，才能讓大家都能清楚看見。年輕的你，如果真的有想法，那就放手去做吧。

「不要怕」這三個字，看似很對，但也並不完全正確。

年輕人的確應該要勇往直前，不要怕跌倒，不要怕失敗，但仍然要抱著戒慎恐懼的心情，要「怕」自己做得還不夠好，要「怕」自己還不夠努力，要「怕」後面的人很快就趕上自己，時時警惕自己，如此一來，才能「放膽築夢，穩健圓夢」。

懂得以戒慎的心態砥礪自己的人，比較容易成功。

讓自己快樂，是工作成功的法則

讓別人對你豎起大拇指，是一種成功；讓你為自己感到驕傲，也是另外一種成功。

所謂的「成功」是什麼？

是事業有成還是生活富裕？

不妨看看以下故事，或許會帶給你另一層想法。

有一次，新聞記者訪問負責修剪行道樹的工人。

記者走近其中一名正在剪枝的工人身邊，那名工人立刻揮手示意不接受訪問，並說：「這麼熱的天，我已經工作得這麼辛苦了，實在懶得跟你廢話！你還是找別的人採訪吧！」

於是，記者又挑了另外一個看起來面容比較和善的工人，問他說：「請問你在做什麼呢？」

「你難道沒看見嗎？我正在給樹木剪枝啊！」

「哇，這麼熱的天，你難道不覺得很辛苦嗎？」

「當然覺得辛苦啦，哪像那些上班族，每天舒舒服服地坐在辦公室裡吹冷氣，我們這種工作又熱又累，錢又少……」工人像是找到了一個訴苦的對象似的，滔滔不絕地抱怨個沒完。

此時，記者瞥見了不遠處的另外一名工人，正一邊剪枝一邊哼著歌，雖然他背後的汗水已經沾濕了整件衣服，但是那名工人看起來心情很好的樣子，一點兒也看不出來他正在做的是一件辛苦耗費體力的工作。

他的愉悅表情引起了記者的好奇，記者忍不住上前去詢問他說：「難道你一點都覺得累嗎？」

「怎麼可能不累呢？」這名工人回他一個微笑，「但是我只要想到人們在經過這個路段時，都可以感受到周圍的綠意，我心裡就覺得很高興！」

這三名工人當中，你覺得哪一位工人是最成功的呢？

想當然爾，我們都會認爲第三位工人是所有工人當中最成功的一個。

奇怪的是，這三名工人花同樣的時間工作，領著同樣的薪水，未來的發展很可能也差不多，以客觀條件來看，他們三個不相上下，第三名工人究竟是哪裡比別人「成功」呢？

理由很簡單，其他兩名工人在工作中賺到的只是錢財，但是第三個工人不僅賺到了錢，還賺到了快樂。他花同樣的時間，卻比別人擁有更多的收穫，這不是成功是什麼？

讓別人對你豎起大拇指，是一種成功；讓你不由得爲自己感到驕傲，也是另外一種成功。

我們不一定能成爲一個成功的大企業家、大藝術家、大政治家……但是我們至少可以當個成功的小老百姓。

只要每天懷著喜樂的心情生活、工作，就已經算是成功的人生。賺錢的同時也賺到快樂的人，比較容易成功。

有實力就能夠東山再起

在絞盡腦汁賺取財富的同時，也要記得花點時間磨利手中的這把斧頭，也不要忘記隨時補充自己的實力。

兩手空空、身無分文並不可怕，眞正可怕的是連腦袋也是空的，如此，想要出人頭地是難上加難。

有個老頭子以砍柴維生，從年輕到現在，不知道辛辛苦苦工作了多少日子，總算攢了一些錢，在山上爲自己蓋了一間小屋。

只是，好景不常，一天夜裡，他的小屋突然莫名其妙地著火了。

附近的鄰居全都趕來幫他救火，只是火勢已經大到無法控制，大夥兒只能眼睜睜地看著大火燃燒，等待消防車從山下趕來。

好不容易等到火勢撲滅了以後，整間小屋早已經被燒成了一堆灰燼。

老頭子看著慘不忍睹的家園，沒有呼天搶地的哀嚎，也沒有嚎啕哭泣，只是拿著一根長棍子，在灰燼裡頭不停撥弄翻攪，似乎在尋找什麼。

鄰居看了，感到十分不捨，出言勸阻他說：「沒用的，就算你有大把鈔票，也都已經燒成灰了。」

「是啊，別再找了，什麼紀念品啊、從前的照片啊，都已經燒光了，你就算找到了也沒有用。」

只是，老頭子仍然不死心，堅決地揮動著瘦弱無力的雙手，從天亮找到天黑，不眠不休，始終不肯放棄。正當眾人紛紛搖頭嘆息時，老頭子突然高興地宣布說：

「找到了！找到了！」

只見老頭子手上拿著一把從灰燼中撈出來的斧頭，興奮地笑著。

「喔，不過是一把斧頭，還以為是什麼寶貝呢！」鄰居們失望地說。

但是，老頭子的情緒卻一點也不受影響，緊握著斧頭，無比堅毅地說：「這把斧頭是我吃飯的傢伙，就算沒有錢、沒有房子，只要我有這一把斧頭，就可以把錢再賺回來，把房子再蓋起來。」

「留得青山在，不怕沒柴燒。」人生最大的資產其實不是什麼金山銀山，而是手中的這一把斧頭。

錢財沒了，可以再賺；房子倒了，可以再蓋。但若失去了手中這一把斧頭，便失去了東山再起的希望。

因此，在絞盡腦汁賺取財富的同時，也要記得花點時間磨利手中的這把斧頭，在奮力向前衝之餘，也不要忘記隨時補充自己的實力。

最重要的是，雖然人們總是以一個人擁有多少財富來評定他成功與否，但是，能夠讓一個人成功的並不是他名下的財富，而是他手中的斧頭。

你知道自己擁有多少把斧頭？你知道自己手上的那把斧頭是什麼嗎？

是聰明的腦袋？是某樣專業證照？抑或你什麼都不會，唯一擁有的一把斧頭，

只是「勤勞」二字而已？

無論如何，不在乎自己擁有什麼名利地位，只在乎自己手中那把斧頭的人，

比較容易成功。

踢到絆腳石，從痛中發現啟示

一個人成功與否，取決於他如何看待失敗。成功只能帶給人們快樂，但是失敗卻可以帶給人們用錢也買不到的智慧。

有人說，人生就是品嚐豐富生命的過程，千萬別讓自己陷入自尋煩惱、自我折磨的心靈禁錮之中。

抱持著這樣的想法，或許你就能更深刻體會人生旅程經歷的一切。

當你遇到挫折、遭受阻礙時，會如何看待種種不如意？是怨聲載道，抑或是將障礙轉化爲成功的利器？

一對父子辦完事正準備要回家，半路上，兒子不小心踢到一塊石頭，重重地跌了一跤。

「是誰這麼沒有公德心，把這塊石頭放在這裡的啊！偏偏又讓我踢到了，眞倒楣！」兒子忍不住開口咒罵。

父親安慰他說：「爲了一塊石頭生氣，値得嗎？況且，這塊石頭擺在這裡，別人都沒有踢到，卻偏偏讓你踢到，或許是因爲你跟這塊石頭特別有緣分吧。我們做人，應該要珍惜所有的緣分，只要你懂得珍惜，就算是惡緣也會變成善緣，你相信嗎？」

年輕氣盛的兒子哪裡聽得進父親的話，只是氣呼呼地繼續往前走。

沒多久，他們回到了家門口，這才發現父子倆都忘了帶鑰匙。

爲了節省找鎖匠的費用和力氣，兒子準備翻牆進去屋裡，只是，院子的圍牆是他身高的兩倍，無論他如何使勁地跳，都依然無法攀上牆去。

就在這個時候，父親說：「你剛才不是在路上踢到了一塊石頭嗎？爲什麼不把它搬來墊在腳下呢？」

「是啊，我怎麼沒想到呢？」兒子折回去把那塊曾經令他怨聲載道的石頭搬來，踏在石頭上面，輕鬆地越過了那道高牆。

在人生的道路上，跌倒的機會很多。

有的人跌倒之後，從此一蹶不振，再也沒有站起來。

有的人跌倒之後，很快地就爬起來，拍拍身上的灰塵，豁達地繼續往前走，當作什麼事情都沒有發生過一樣。

也有人在跌倒之後痛定思痛，把失敗當作一份可貴的經驗，深深記取教訓。在往後的日子裡，化負債爲資產，化劣勢爲優勢，把昔日的絆腳石變成今日的墊腳石，幫助自己站上更高的舞台。

換句話說，一個人成功與否，取決於他如何看待失敗。

成功只能帶給人們快樂，但是失敗卻可以帶給人們更多寶貴的東西，那是用錢也買不到的智慧。

因此，處於逆境的時候，我們不需要埋怨，也不需要祈求好日子趕快來，我們應該要用心品嚐艱苦的歲月，讓苦澀的味道停留在我們的腦海裡，隨著我們的智慧增長，慢慢回甘。

把挫折視爲養分的人，比較容易成功。

充實好你的能力再上路

在這次表現機會中，如果實力累積不夠反而讓自己頻出狀況，甚至最後變成出醜，那麼你錯失的機會將不只這一次！

在每一次發揮的機會中，我們有多少能力可以展現，除了我們自己，沒有人知道。如果明知自己表現不夠好，不如現在就認眞檢視自己，先好好地充實自己的能力後再說吧！

人生的機會不多，我們絕對不能輕易地浪費任何一次難得的機會，每一次上場都務必力求最佳表現。

一場大規模音樂會的主持人親自向瑞士鋼琴家塔爾貝格邀約，希望大師能夠撥出時間蒞臨表演。

塔爾貝格微笑問他：「請問演奏會什麼時候舉行？」

主持人回答：「下個月一號。」

沒想到塔爾貝格聽到後，卻推辭說：「對不起，如此一來練琴的時間一定不夠，我無法參與這場盛會了。」

主持人一聽，不解地問道：「這個……請問，以大師您的造詣，還需要很多時間練習嗎？」

塔爾貝格聽見主持人這樣問，吃驚地回答：「當然要啊！因爲我想演奏一些新曲目，但這些新曲目至少需要一個月的練習時間。」

主持人又問：「三天時間不夠嗎？平常的音樂家準備一場演奏會也只要四天左右，像您這樣優秀的音樂家怎麼需要那麼多時間呢？」

塔爾貝格搖了搖頭說：「你怎麼會這麼想呢？我每次發表新作品時，至少要練習一千五百次，否則我根本不敢出場表演！我一天大約要練習五十次，所以至少需要一個月的時間。如果你願意等一個月，我就可以答應你出席表演，否則無論你怎麼說，我都會拒絕這次邀約。」

因爲對演奏的責任感，也因爲堅持要讓每一個音符都能完美呈現，所以塔爾貝格堅持一個月的練習時間。對他來說，實力比機會更爲重要，也更相信，只要能表現完美，即使表演機會只有一次也已經足夠。

這正是大師級的音樂家與普通琴師的不同處。一個只練習幾天的琴師與力求完美表現的音樂家，聽衆一聆聽，一定能輕易分辨其中的不同吧！

如果還不知道怎麼樣求得成功，仔細想一想大師在故事中訴說的主旨：「踏實地累積實力，力求完美表現，你的名聲自然會永不墜落。」

當你得到表現機會，別忘了，在這次表現機會中，如果實力累積不夠反而讓自己頻出狀況，甚至最後變成出醜，那麼你錯失的機會將不只這一次！

PART 3

擁有熱忱，生活才會快活

做自己真正想做的事，找出內心的渴望。當你正在做自己所渴望的事情時，便是內心達到平靜喜樂的時候。

確立方向，別人才能幫忙

外在環境再怎麼艱難，也不放棄自己的目標。相信在實踐夢想的過程中，就能夠得到別人的認可與幫助。

成功的人被一般人視爲不平凡的人，但是仔細探究他們，卻又是普通的，與凡人無異。那麼，他們與常人不同的地方又在哪裡？

其實，他們在很早之前，就已經明確知道自己要的是什麼。他們所走的每一步路，都是爲了到達目的地而奠定下來的基礎。

大多數的人最終無法達成自己的目標，原因是目標不夠明確，讓別人想幫忙都不知該從何幫起，就好像一艘不知道要航向何方的船，再大的風也沒有辦法將它送達終點。

喬托是文藝復興早期的畫家，幼年時期曾跟畫家契瑪布學習作畫。

喬托從小就是個調皮搗蛋的孩子，有一天契瑪布有事外出，交代喬托一個人在家要好好練習畫畫。

契瑪布離開後，喬托就拿起筆散漫地畫著，當他不經意抬起頭時，看見老師在桌上擺著一張即將完成的肖像畫，於是興起一股淘氣的念頭，在人像的鼻子上畫上一隻蒼蠅，打算開老師一個玩笑。

契瑪布回來後，發現畫上有一隻蒼蠅，就用手去趕牠，沒想到揮了幾下，蒼蠅卻動也不動，契瑪布疑惑地湊上前仔細一瞧，才發現蒼蠅是畫上去的。契瑪布馬上想到，一定是喬托在搗蛋。

契瑪布雖然很生氣，但是又很高興，因爲他發現了自己的學生竟然如此有天賦，能畫出如此維妙維肖的蒼蠅，甚至騙過了自己的眼睛。

日本畫家雪舟小時候因爲家境不好，被送到寶福寺當和尚。

可是，雪舟並沒有因爲身在佛門就放棄畫畫的興趣，經常背著老和尚偷偷作畫，甚至忘記做早課。

有一次，他畫得正入神時剛好被老和尚發現，老和尚責備他不務正業，還將他的雙手綑綁起來，要他自我反省，並且罰他一天不准吃飯。

雪舟傷心地哭了起來，他並不怕沒飯吃，只害怕以後再也沒辦法畫畫。哭著、哭著，他忽然發現地上被眼淚印濕的地方，隱隱約約像一隻老鼠，於是用腳趾作起畫來。

太陽快下山時，老和尚前來看他，見到一隻老鼠在咬雪舟的腳，馬上上前要趕走老鼠。可是，他怎麼趕也趕不走，這才發現它是雪舟用腳趾畫的老鼠。老和尚見到這隻老鼠畫得如此逼眞，不禁肯定了他的繪畫才能。

從此，老和尚不但允許雪舟畫畫，更減少他唸經禮佛的時間，還送給他文房四寶，鼓勵他學畫。

多年後，雪舟終於在畫壇上佔有一席之地。

兩個小畫家除了才華過人之外，最重要的一點就是，他們都確切知道自己要的是什麼，外在環境再怎麼艱難，也不放棄自己的目標。就是這樣的精神，畫出來的圖象才如此充滿生命力，感動了身邊的人。

你是否知道自己一生的目標是什麼？要怎樣去達成呢？

試著爲自己列出一張明確的計劃表，朝著這個方向去逐步努力；相信在實踐夢想的過程中，也能得到別人的認可與幫助。

天底下沒有不可能的事，只有不願意嘗試的人。好與壞、成與敗，全靠自己經營，只要願意做，就會有機會和空間等待你。

最令人擔心的，就是連自己都不知道目標在哪裡，讓人想幫也幫不上忙了。因此，從現在起就設定人生目標，至少要給他人一個可以幫助你的方向。

妥善運用時間，才不會留下遺憾

拋棄時間的人，時間也會拋棄他。別因為沒有妥善處理好自己的「時間」，而成為人生最大的遺憾。

我國有位歷史學家曾說過：「時間是常數，但對勤奮者來說，是個變數。用『分』來計算時間的人，比用『時』來計算時間的人，時間多了五十九倍。」

從學生時代到進入職場，人們多多少少參加過一些課程訓練。在上課的過程中，大多數會覺得自己吸收了很多知識，有種想要奮發圖強，好好運用所學來開創新局面的決心。

可是，日子一天天過去，卻慢慢淡忘當初的鬥志，如果被問及爲何沒有實行時，大概都是「沒時間」、「太忙了」之類的回答。

說穿了，不是沒有多餘的時間，只是沒有具體的行動而已。人們都是好逸惡勞的動物，如果可以輕輕鬆鬆過日子，又有誰不願意？

眞的沒有時間嗎？其實，只要懂得運用時間，時間永遠都是充裕的。

莎士比亞二十二歲那年，隻身來到倫敦。他對戲劇有著濃厚的興趣，每當經過戲院門口時總是久留不去，羨慕地望著那些從裡邊走出來的演員。他心裡想，如果能在戲院裡找個工作那該多好啊！

不久，他在戲院裡找到一份工作——馬夫。他必須在戲院門口等待，伺候那些看戲的紳士。當那些身著華貴衣飾的紳士在劇院門口下車後，莎士比亞便接過馬車拴在附近，等紳士們看完戲後再把馬車牽過來。

後來莎士比亞覺得，許多時間都浪費在等待客人，這樣下去不是辦法。立志終身從事戲劇事業的莎士比亞便暗暗地發憤讀書，利用一切閒暇時間學習各種知識。他找到一種有效利用這段時間的辦法：當前來看戲的紳士們都進了戲院，他便貼在戲院的門縫上觀看演出。從此，他一有機會就偷偷看戲，藉此琢磨劇情和其中的角色。

時間一天天過去了，他創作的戲劇水準大大提高。最後成爲聞名於世的英國戲劇家和詩人。

有一次，美國科學家富蘭克林搭著輪船在大西洋上顛簸前進。所有旅客都進船艙休息了，只剩他還很有精神地在甲板上走來走去。

他一下子遠眺、一下子俯瞰，一會兒凝神思索，一會兒又拿出隨身攜帶的筆記本，在上面記錄東西。有個水手觀察他很久了，便走過來說：「富蘭克林先生，您在欣賞海景嗎？」

「欣賞海景？當然不是。」富蘭克林隨後又說：「嗯，也可以算是吧！」

「怎樣叫『也算』呢？」水手奇怪地問。

「因爲我正在思索海灣暖流對陸地氣候的影響。」富蘭克林把手搭在水手的肩上說：「你能協助我測量一下海流的速度和溫度嗎？」

「樂意效勞。」水手高興地答應了。

水手一邊協助富蘭克林，一邊不理解地問：「爲什麼在航行空閒的時候也要做這些事情呢？」

富蘭克林頭也沒抬地說：「時間不可白白浪費。」

等到測量結束，他轉過頭望著水手，問道：「你熱愛生命嗎？」

水手點了頭，富蘭克林又繼續說道：「那麼，就別浪費時間。因爲時間是組成生命的材料啊。」

水手頓時明白過來說道：「所以，您在航行的空閒裡也要做研究了。」

富蘭克林聽著，愉快地笑了。

莎士比亞和富蘭克林能有如此大的成就，是因爲他們愛惜每一分鐘，不會任由時間白白過去。

任何人一天都只有二十四小時，沒有誰的時間比較長或短。但是在同樣的時間條件下，勤勞的人能夠豐收，懶惰的人只剩空空的雙手。

時間是公平地對待每個人，就看自己如何去應用。

每個人都會有不想做的事，有些人能夠收起「不想做」的情緒，勉勵自己要在時間內完成工作。有些人卻會一再拖延，結果就是一事無成，還有可能因爲自己的進度落後，影響到別人的工作進度，造成他人的困擾。

拋棄時間的人，最後時間也會拋棄他。別因爲沒有妥善處理好自己的「時間」，而成爲人生最大的遺憾。

擁有熱忱，生活才會快樂

做自己真正想做的事，找出內心的渴望。當你正在做自己所渴望的事情時，便是內心達到平靜喜樂的時候。

能達到忘我境界的人，成就往往比別人大，也比別人快樂。無法做到「忘我」的人，因爲拿自己和他人做比較，過度注意別人的行爲，將時間消耗在批評與較量上面，結果沒有喘息的時候。

有些專業人士過得並不快樂，因爲他們對自己擅長的領域已經不再有「感覺」，失去了熱忱、沒有了動力，因此，他們的工作就只能停留在原地，沒有進步的空間。有些人則汲汲營營於了解對手的情況，只要對方有個動靜，就緊追不捨，跟著對方的步伐，而忘了自我風格。不管是那一種，都讓人惋惜。

有時候生活愈簡單愈好，這樣才能活出熱情、活出快樂。

法國物理學家安培一生致力於科學研究工作，爲了不受外界干擾，總在門口掛上一塊「安培先生不在家」的牌子。

有一次安培外出辦事，在走回家的路上也思考著物理問題，當他走到家門口時，抬頭看見門口掛著一塊寫有「安培先生不在家」的牌子時，便轉身離去。邊走邊自言自語著：「喔，原來今天『安培先生不在家』。」

又有一次，安培去學校演講，經過塞納河畔時，滿腦子想著科學問題，便在河邊來回踱步。他隨手從河床上撿起一塊鵝卵石，在手中把玩了一會兒，便放進衣服口袋裡。離開河邊時，他順手掏出口袋裡的東西扔進河裡。

當他走進學校準備上課時，想掏出懷錶看時間，沒想到掏出的竟是一塊光滑的石頭。想了很久，才恍然大悟，原來懷錶被當成石頭扔進塞納河裡了。

保羅．歐立希是法國專門研究梅毒的化學家和細菌學家，由於熱衷工作，經常因此忘記吃飯。

一八九四年的某一天，保羅．歐立希一早進入實驗室做研究。過沒多久，他突然接到一封緊急信件，趕忙拆開閱讀。

讀完後他提筆寫了一封信：「敬愛的閣下，承蒙邀請不勝榮幸，只因忙於公務，實難從命。謹祝先生四十壽誕愉快。」

寫完信，要在信封填上來信地址時他愣住了，因爲寄信人也叫保羅．歐立希。更神奇的是，這個地址是如此的熟悉。仔細一看，歐立希才發現這是家中的地址。過了好一會，他才恍然大悟，這封信是自己寫的。

原來這一天是他的生日，妻子怕他一鑽進實驗室就出不來，便逼他寫一封信給自己，好提醒他別忘了回家過生日。只是沒想到，他連這封信也忘了。

每個人都用不同的方式活出自己的熱情，簡單的生活方式不是犧牲，而是做自己真正想做的事，找出內心的渴望。當你正在做自己所渴望的事情，便是內心達到平靜喜樂的時候。

對安培和保羅．歐立希兩位科學家而言，研究工作就是他們生命的全部。他們將所有的精神投入其中，達到忘我的境界，唯有如此，他們對自己的人生才不會感到遺憾。

活出熱情的意義在於做自己愛做的事，然後全力以赴，只有這樣才能得到快樂。找出自己最熱愛的事物，排除一切會阻礙熱情的障礙，克服所有的不順遂。只有過著正面且積極的人生，才能活出自信與快樂。

時間不夠用，是你不懂得運用

即使事情堆積如山，只要先冷靜下來，將必須做的事好好規劃一下，並且確實執行，一定能有出乎意料的效果。

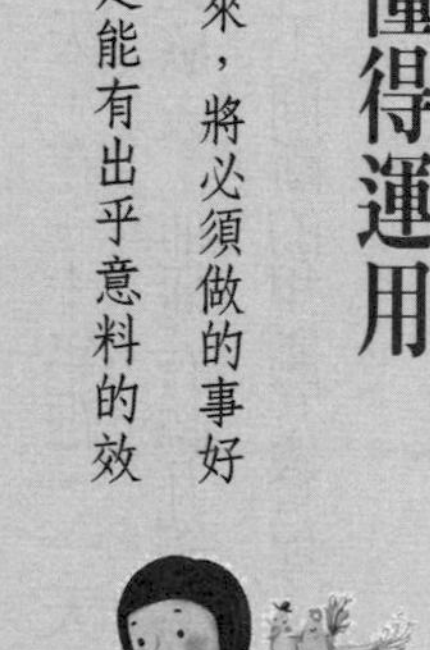

妥善規劃時間，這對每個懂得計劃自己的生活、訂立實踐目標的人來說，都是十分重要的。人常常會懈怠，讓時間像手中之沙一樣流失掉，而那些時間都是一去不回頭的。

總是抱怨時間不夠用嗎？不妨先讀讀這一則故事。

有一位了不起的人物，一生只活了五十六歲，但出版了七十多部學術著作，還寫了大量的論文，內容涉及多個學科。

就算他一出生就開始寫作學術著作，一年也得寫差不多一本半，才能夠寫完七十多本，更何況除了蒐集資料外，他還要花很多時間去研究！

你一定以爲他是一個工作狂，連吃飯睡覺都不顧了吧？其實不然，他每天都有十個小時左右的睡眠，並且常鍛鍊身體，還是一位社會運動者。

他的秘訣在哪裡？在工作日誌上。

從二十六歲那年起，他開始做工作日誌，每天計劃自己的時間，記下每一天、每一小時，甚至每一分鐘都做了哪些工作，並且常常總結自己的得失，評價自己的時間是否用得合理，是否符合投資報酬率。

除了每天小結外，每月、每年都還有總結。

這項工作，他一直堅持到逝世那一天，在三十年裡，一天也沒有放下。

這位偉大的學者就是昆蟲學家羅比歇夫，他擁有超凡的毅力，很多人成就遠不及他，都是因爲缺少這份毅力，還有不間斷的規劃及督促。

上帝很公平，給了每個人每天二十四小時，不多也不少。但總有人成天嚷著時間不夠用、工作做不完，也有人氣定神閒地將事情辦理得妥妥貼貼，關鍵就在有沒有好好規劃時間。

羅比歐夫將時間利用到最精細的程度，所以能完成其他人可能要花好幾輩子時間才能做好的工作。因此，不管我們有多麼忙碌，工作量有多麼龐大，即使事情堆積如山，只要先冷靜下來，將必須做的事好好規劃一下，並且確實執行，一定能有出乎意料的效果。

現在，你還想說你的時間不夠用嗎？

你也可以成爲生活的最佳主角

無論老天爺給予我們多麼艱困的阻礙，只要決心克服它，即使聽不見、看不見，我們也能實現心中的夢想。

人生眞正需要的東西不是好運氣，而是積極的生活態度。生活遭逢困境絕不是退縮的藉口，條件不好更不是停滯的理由，如果連一位聾人都能成爲最佳女主角，那麼我們就沒有理由埋怨命運不公。

成功當然不會是個偶然，也不是碰運氣的結果，遇到難得機會而備受肯定的瑪莉·麥特琳印證了這一點。

第五十九屆奧斯卡金像獎頒獎典禮進行之時，在激動的氣氛帶動下，典禮一步步地接近高潮。

當主持人宣佈，瑪莉·麥特琳在〈悲憐上帝的女兒〉中表現出色而拿下最佳女主角獎，全場立即響起如雷的掌聲。隨即瑪莉·麥特琳在掌聲和歡呼聲中快步上台，並從威廉·赫特手中接過奧斯卡金像獎座。

看得出來瑪莉·麥特琳十分激動，有很多話要說，只見她扯動了一下嘴角，接著把雙手舉高，開始打起手語。

原來，新科影后不僅無法說話，而且是個聽不見的聾人。

其實，瑪莉剛出生時是一個健康正常的孩子，不過十八個月之後，一場高燒奪走了她的聽覺和說話能力。

但是，這位聾啞女孩對生活卻充滿了熱情。從小就喜歡表演的她，八歲時便加入了聾啞兒童劇院，九歲便正式登台表演。十六歲那年，瑪莉離開了兒童劇院，雖然失去了表演舞台，但她並不氣餒，主動參與各種表演機會，特別是聾啞兒童的慈善義演。

從中，瑪莉更認識到自己生活的價值，努力地克服自卑的心理障礙，並充分地利用這些演出機會，提高自己的表演技巧。

十九歲時，瑪莉終於爭取到舞台劇〈悲憐上帝的女兒〉的表演機會，雖然只是分配到一個小角色，但是這個小角色卻讓她有機會登上大銀幕。

當時，女導演蘭達·海恩絲決定將〈悲憐上帝的女兒〉拍成電影，四處尋找適當的女主角人選，卻始終都找不到令她滿意的演員，一直到她看完了瑪莉在舞台劇〈悲憐上帝的女兒〉的錄影後，才驚呼道：「就是她了！」

從小角色到女主角，瑪莉也終於實現了心中的夢想，用實力爭取到機會，並再次讓人們肯定她的表演天分。

電影裡，女主角一句台詞也沒有，全靠豐富的眼神、表情和動作來表現心中的矛盾與複雜的內心世界。無論是自卑與不屈的精神，還是喜悅和沮喪的臉龐，瑪莉都表演得入木三分。她用心學習與表現，十分珍惜這個表現機會，對於瑪莉專業的態度，與她合作過的伙伴無不稱讚。

就這樣，瑪莉·麥特琳真的成功了，成為美國電影史上第一位聾啞影后的她，最後一個手語想表達的是：「我的成功，相信對任何人，不管是正常人，還是殘疾人士，都會是一種鼓勵。」

無論老天爺給予我們多麼艱困的阻礙，只要決心克服它，即使聽不見、看不見，我們也能實現心中的夢想。

面對乖舛的命運，瑪莉從不認命，即使只是個小女孩，她也知道，認眞與執著是成功的不二法門。看著她從兒童表演劇團裡確定自己的人生方向，到積極地實踐心中夢想，我們也再次相信「成功絕非偶然」。

在瑪莉的手語裡還告訴我們：「我都成功了，你為什麼不能？機會在你手中，為什麼要輕易放棄？真有那麼難嗎？快站起來吧！」

未來要靠我們自己去拓展，絕佳機會也要積極的行動力來配合。只要你再認眞一些、積極一些，也可以成爲生活中的最佳主角！

給自己一個積極前進的好理由

面對阻礙，有些人會激勵自己越挫越勇，不達目標絕不放棄；另一些人則一遇阻礙便急著退縮，而且總有許多理由解釋推託。

生活的確需要很多理由，只是大多數人的理由不是用來鼓勵自己，而是為自己找退縮、放棄的藉口。

相反的，對於樂觀進取的人來說，好的藉口是用來舒緩壓力與反省失敗的方法，好的理由則是他們勇敢前進的最佳助力。

遇見困難時，你會給自己什麼樣的理由？

從小就熱愛音樂的小約翰史特勞斯，一直在充滿阻力的音樂路上前進，雖然他的父親也是從事樂團指揮工作，但卻一點也不支持小約翰史特勞斯，對他來說這是條不歸路，他不希望孩子步入自己的後塵，更不相信孩子會在這個領域闖出什麼名堂，因爲他自身的情況可以證明這一切。

但是，熱愛音樂的小約翰史特勞斯卻怎麼也不肯放棄，雖然家庭的阻力很大，可是他一點也不屈服，反而更加積極地朝著自己的夢想目標前進，他堅持：「我只想在自己鍾愛的音樂裡生活，那才叫人生！」

秉持著這份執著，勤奮學習的小約翰史特勞斯，在熱忱與興趣支持下，迅速地成爲樂壇的另一顆新星。

有天，受到各方矚目的小約翰史特勞斯與父親進行比賽，他們各自帶領著樂團出場，最後結果是小約翰史特勞斯獲勝。

第二天，維也納的報紙上刊登了一個斗大的標題：「晚安，老約翰史特勞斯；早安，小約翰史特勞斯！」

這是意指小約翰史特勞斯的父親已經老了，而正值年少的小約翰史特勞斯如朝陽初升，必定會獲得更大的成就，面對這些的評論，老約翰史特勞斯也不得不承認自己的音樂熱情與成就比不上兒子。

在這場比賽過後，他轉而全力支持兒子的選擇，不斷地鼓勵他：「孩子，你一定能闖出名堂！」

有了家人們的支持，小約翰史特勞斯再也沒有後顧之憂，更加積極努力，接連創作了人們耳熟能詳的〈藍色多瑙河〉、〈維也納森林的故事〉和歌劇〈蝙蝠〉等作品，後人將小約翰史特勞斯這一段輝煌時期稱之爲「金色世紀」，還推崇他爲「圓舞曲之王」。

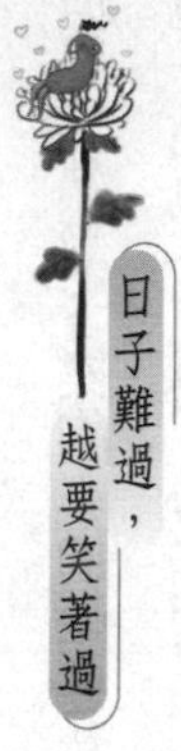

當阻力出現時，你是否也能像小約翰史特勞斯一般堅持到底，你是否知道該如何說服否定你的人呢？

因爲熱情也因爲執著，面對重重阻礙，小約翰史特勞斯未曾有過放棄的念頭。

爲了能實現人生目標，對於家人們的第一重阻力，他只能積極地爭取好成績來證明自己的能力。

有付出就一定會有收穫，當小約翰史特勞斯的表現超越了父親，父親這才知道兒子的熱情與天分，也終於知道孩子有著自己的夢想要實現，一如當初自己的築夢過程一般。

我們心中都有夢想，希望有一天能排除萬難實踐它，然而面對阻礙的態度，有些人會激勵自己越挫越勇，不達目標絕不放棄；另一些人則是一遇阻礙便急著退縮，而且他們總是有許多理由解釋推託。

小約翰史特勞斯勉勵自己奮鬥不懈的理由是：「我的人生除了音樂再無其他，不管什麼阻礙，都不能讓我放棄生命的原動力，少了音樂，我的人生將不再精采！」

這是小約翰史特勞斯要求自己積極前進的動力，不知道你給自己繼續前進的理由是否充足呢？

認眞生活，就不會老是退縮

應該知道自己在做什麼，無論我們付出多少，只要每次付出都是用生命去體驗，就應當好好珍惜。

眞理不一定適用於每一個人和每一件事，無論聽見多麼權威的說法，我們都必須帶著懷疑的態度審愼求證。因爲，就算是頂尖的專家，也會有誤判的時候，我們若一味跟隨而不深入思索，就得承擔最後的結果。

別把權威當靠山，人生中最好的靠山，始終是我們自己，只要樂觀以對，我們就不會老是選擇退縮。

在百老匯的社會圖書館裡，詩人愛默生的演講激勵了年輕的惠特曼：「誰說我們沒有自己的詩篇？我們的詩人文豪就在這裡啊！」

文學大師這一席慷慨激昂的演講，令台下的惠特曼激動不已。此刻，他的體內熱血沸騰，腦海中好似有一股力量正在升溫：「對！我要走進各個領域、各個階層和各種不同的生活中，我要傾聽大地與人民的心聲，我要創造出不同凡響的詩篇！」

在愛默生激勵下，惠特曼的《草葉集》很快地問世了，這本熱情奔放的詩集，突破了傳統格律的束縛，以全新的形式表達了民主思想，以及對於民族和社會壓迫的強烈抗議，每一個字都充滿了率真的情感。

《草葉集》的出版讓遠在康科德的愛默生十分激動，高聲歡呼：「誕生了！你們期待的美國詩人已經誕生了！」

愛默生給這些詩非常高的評價，稱讚這些詩是「屬於美國的詩」，而且是「充滿奇妙的、無法形容的魔力」。

雖然愛默生如此讚揚，但在這此之前，突破傳統的《草葉集》其實飽受學院派批評，一些較保守的報社還把它批評得一無是處，後來因爲愛默生的褒揚，各家報刊才換了口氣，轉而推崇這本詩集。

不過，由於表現手法太過前衛，讀者們一時間還無法接受，所以第一版的《草葉集》並未因愛默生的讚揚而暢銷。

但是，惠特曼卻從此增添了無比的信心和勇氣，一八五五年底詩集再版，裡面還收錄了二十首新完成的詩歌。

一八六〇年，惠特曼準備印行第三版《草葉集》時，決定再將新作品補上。但是這一次愛默生卻勸阻惠特曼：「你應該刪除其中幾首關於『性』的詩歌，否則第三版不容易暢銷。」

惠特曼不以爲然地問：「爲什麼？刪了這幾首詩就會是好書嗎？」

愛默生婉轉地向他解釋說：「我的意思是說，它還是本好書，只是，刪了會變得更好！」

執著的惠特曼卻堅持不讓步，他搖頭說：「我的靈魂從來不會服從於任何束縛，它們只想走自己的道路。《草葉集》裡的任何一首詩都不應該被刪改，我要任由它自己繁榮或枯萎！」

「我認爲，世上最差的書就是那些被刪改過的書，因爲刪改意味著向世俗投降……」惠特曼堅定地說。

第三版《草葉集》刊印了，而且一上架便被搶購一空。不久，它還跨越了國界，被翻譯成各種不同的語言，在世界各地流傳。

因爲惠特曼的堅持，我們今天才能讀到如此精采且發人深省的詩集。

其實，詩人是很感性的，無論是對社會還是個人，他們總是不吝於付出關懷，他們十分執著於生命價值的尊重與個人靈性的發展，所以惠特曼對於自己孕育的詩文會這麼堅持。

換個角度看，正因爲惠特曼認眞、負責地生活著，所以對於生活中感悟到的隻字片語會如此堅持，我們面對自己的工作和生活中的一切，是否也能像惠特曼一般擇善固執？

如果還不能，是否意味著我們根本沒有認眞生活，所以習慣退縮，對手中的一切輕易放手呢？

「你應該知道自己在做什麼，更應該知道自己擁有什麼。無論我們付出多少，只要每次付出都是用生命去體驗，就應當好好珍惜。」這是惠特曼在故事中給予我們積極的人生觀。

是的，人生不能一味退縮，只要生活中每一步都踏得深刻，無論風雨多大，也不能抹滅我們走過的足跡。

專注是最重要的生活態度

只要從前人的日常生活中去找尋，我們便能輕易地發現成功的方法和技巧，然後應用到我們的日常生活中。

其實，和一般人的遭遇相比，名人的故事同樣平淡無奇，然而，他們的經歷爲什麼能不受時空限制不斷地啓發我們？

原因無他，因爲再平凡的事情發生在他們身上，他們依舊能創造出前所未有的奇蹟，並從小事情中展露出連他們自己都想像不到的潛能。

從小，愛因斯坦就是個喜歡動手動腦的孩子，遇到新奇的事物就會反覆研究，得出自己想要的結果。

五歲生日那天，父親送給他一個羅盤。自從有了這個羅盤之後，愛因斯坦開始沈迷在羅盤的世界裡，也因爲太過投入了，小小年紀居然出現了精神恍惚、沉默不語的研究慣性，父母親還一度以爲他生了什麼怪病呢！

上小學後，愛因斯坦便對美勞課程特別感興趣，也非常用心創作。

有一天，老師教導學生利用廢棄的材料來製作自己最喜歡的物品。只見孩子們拿出各式各樣的材料，有破布、黏土和蠟燭等等開始構思；在孩子們的巧思下，黏土很快地便變成了漂亮的雞鴨，破布也變成了小狗，蠟燭則變成了可愛的水果……。

「愛因斯坦，你的呢？」老師微笑地看著小愛因斯坦。

愛因斯坦的小手輕輕地捧著作品到老師面前，是個小板凳，老師低頭一看，居然差點笑出聲來。

儘管愛因斯坦很喜歡美勞課，但是小手仍嫌不夠靈巧，作品還是有些粗糙，看著這個簡陋的小板凳，老師笑著說：「嗯，我想世界上再也沒有比這個還糟糕的小板凳吧！」

孩子們聽見老師這麼說，忍不住哄堂大笑起來。然而，就在笑聲中，愛因斯坦卻大聲地說：「錯！還有兩個比它還要醜！」

小愛因斯坦跑回坐位，從抽屜裡拿出另外兩個小板凳，對老師說道：「你看，這兩個是不是更醜？這個是我第一次做的，這個是第二次做的，你手上的那個是第三個，雖然還不是最好的，但是它比這兩個還要好一些。」

老師驚訝地看著小愛因斯坦，接著仔細地看著他手中的三個小板凳，笑容再次展現，點著頭說：「這孩子真是可愛啊！」

日子難過，越要笑著過

小小的板凳表現出來的，不只是愛因斯坦可愛的童真，還有他自小就展現出的鍥而不捨的精神，以及勇於面對自己缺點的誠實態度。

追求完美的愛因斯坦，小小年紀便知道只要努力不懈就一定會有成果，雖然第三個小板凳未盡完美，但是只要時間充裕，自己一定能創作出完美的作品，就是因爲秉持著這樣的精神，才有日後的輝煌成就。

只要從前人的日常生活中去找尋，我們便能輕易地發現成功的方法和技巧。例如愛因斯坦投入羅盤世界裡的專注，創作小板凳時的認眞執著，都是我們應該學習的生活態度。

除此之外，不知道你還得到了什麼啓發？

成功和景氣、運氣沒有必然關係，細心體會名人面對事情的態度，然後應用到我們的日常生活中，下一個創造傳奇的人或許是你！

你可以開開心心做自己

沒有人需要自卑，更沒有人應該受人否定。無論是外貌美醜或是人生成就高低，我們都不必受制於別人的批評。

我們要努力地保有自己的個性，因爲，一旦失去了自我，不管我們怎麼模仿別人，都是一個隨手可拋的複製品。

雖然想「好好地做自己」並不容易，但是只要我們不再介意別人的眼光，多給自己一點信心，就會發現，原來自己行動的勇氣是那樣的強勁，況且，相信自己的能力也比期待別人的認同來得實際。

伊苔絲的個性十分內向，對自己更是充滿自卑感，每當站在鏡子前面，總是惱怒地想著：「我怎麼看起來這麼胖？」

她的母親經常這麼斥責她：「伊苔絲，衣服別老是穿得那麼窄，寬一點的衣服比較舒服啊！」

雖然母親不認同女兒的審美觀，然而伊苔絲卻從不聽勸，一旦被迫穿上寬衣服，便不會踏出房門一步，因爲她總是煩惱著：「穿這件衣服我看起來更胖了，我才不要和同學們玩，我一定會被笑！」

因此，伊苔絲從不和其他孩子們一起活動。非常害羞的她甚至覺得，自己和其他人都「不一樣」，自己是個不討人喜歡的女孩。

從小便自卑的伊苔絲，長大之後也不見好轉。後來，她嫁給一位比她大好幾歲的丈夫，但是她的性格卻仍未改變。

儘管夫家上下對她十分疼愛，伊苔絲始終都很沒自信，但是爲了不讓丈夫失望，不得不鼓起勇氣參與各種宴會。爲了維護丈夫的面子，她只得強顏歡笑，只是這樣虛情假意的表現，讓伊苔絲感到厭煩。

「我到底在做什麼？爲什麼我要活得這麼不開心呢？」每一次宴會結束後，伊苔絲都煩躁地質問自己。

由於情況越來越嚴重，伊苔絲竟然有了輕生的念頭，因爲她一直覺得自己表現很差，根本是個沒有價値的人。

這天，伊苔絲坐在花園裡看著天空，婆婆正巧走了出來，婆媳兩個人就這麼坐在花園裡聊天。

伊苔絲問婆婆：「媽，您是怎麼教育孩子的，爲什麼他們總是這樣開心且充滿自信呢？」

婆婆笑著說：「沒什麼特別辦法啦！我對他們只有一個要求，盡力做自己就好，盡力表現出自己的特色就夠了。」

「盡力做自己！」伊苔絲的腦海中不斷地重複著這句話，因爲這是她第一次聽見對自己的鼓勵。

就在那一刹那間，她發現：「爲什麼我會活得這樣辛苦？原來，我從來都沒有盡力表現自己，我根本是活在一個空殼裡，也一直處在不適合自己的環境中，不知改變生活啊！」

伊苔絲看著天空，忍不住喃喃地說道：「是啊，我應該有自己的特色才是，我應該會有優點，我想我一定有和別人不同的地方！」

「妳當然有！」婆婆微笑地鼓勵她。

一定有許多人和伊苔絲一般，因爲充滿了自卑的心理，以致於耳邊不斷地聽見否定的聲音。只是，他們很少發覺，這些否定從來都不是發自於別人的嘴巴，反而大多數來自於他們自己。

他們經常會對自己說「我不行」或是「我會失敗」，所以他們根本不必敵人出手攻擊，早就被自己打倒在地。

「不必管別人如何看待，你只要好好地做自己，表現出自己的特色就對了！」

這不只是故事中婆婆教育孩子的方法，也是她刻意給予伊苔絲的勉勵，更是她想與我們分享的生活態度。

沒有人需要自卑，更沒有人應該受人否定。無論是外貌美醜或是人生成就高低，我們都不必受制於別人的批評。

日子是我們自己在過，如果不能面對自己，老是受困於別人的眼光，想擁有開心的生活恐怕比登天還難。

不要盲目地跟從別人的希望與要求，勇敢地走出自己想走的路，讓每一個笑聲都能發自內心，讓原本的自己充分表現出來。

那麼，我們抬頭看見的都必定是寬廣的藍天，更是一個完全屬於我們，自在悠遊的天空。

轉念，讓你笑得更開懷

不好的情緒對每個人來說都是負擔，要知道，壞事本身傷害不了你；能夠傷害你的，是那些你自己製造出來的負面情緒。

絕望中找生機，逆境中找快樂

凡是來到眼前的，就是我們的人生、我們的世界、我們的命，因此，我們必須坦然地並且勇敢地面對它。

武俠大師金庸曾透過《笑傲江湖》裡頭的令狐沖說出一句名言：「有些事情本身我們無法控制，只好控制自己。」

不管發生什麼事，心情都要好，才是有智慧的人；都已經遇到不如意的事情了，心情又不好，那豈不是雪上加霜？

一位年輕的演說家受邀到一個大城市發表演說。

上台之後，他看見觀衆席上異常冷清，來聽演講的觀衆稀稀落落，空下來的座位竟然超過一半之多，令現場的氣氛尷尬不已。

年輕的演說家有鑑於此，一開場便沒頭沒腦地冒出來一句話說：「哦！我知道了，貴市的人一定都很有錢。」

底下的觀衆面面相覷，大家都聽得一頭霧水。此時，演說家接著說：「因爲我看到你們每個人都買了兩、三個人的位子啊！」

全場觀衆聽了，皆不約而同地發出了笑聲。原本無人看好的演說，立刻有了一個美好的開始。

瞧！是不是只要換個想法，事情就會有了全然不同的解讀了呢？

十九世紀的時候，法國的大將軍陶梅尼在前線打仗，不幸被敵軍的炮彈轟斷一條腿。當他傷癒返回部隊後，每天幫他擦皮鞋的勤務兵看到將軍竟然斷了一條腿，當下心疼地掉下了眼淚。

陶梅尼將軍看見了，笑著說：「你哭什麼？你應該要高興才是呀！以後你每天就只需要擦一隻皮鞋就夠了！這不是很好嗎？」

凡是來到眼前的，就是我們的人生、我們的世界、我們的命，因此，我們必須坦然地接受它，並且勇敢地面對它。

不要被眼前令人失望的景象蒙蔽了，試著從絕望處找出生機，在逆境中發掘快樂。別人越是要給你難堪，你越是要笑得開心；命運越是要叫你低頭，你越是要活得過癮。

樂觀的人從來不認爲自己會輸，因此他們就算跌到谷底，也從來不認爲自己是在谷底，因此他們就算跌到谷底，也終究還是能夠再爬起來。

親近大自然，是親近美的起步

大自然是每個人的故鄉，我們從自然而來，自然也必須經常回歸自然，才能找回身心的平靜。

人類的物質生活越進步，精神生活就越苦悶，這是一個不怎麼正常卻很常見到的現象。

科技只能帶給人們方便，卻不能爲世界帶來和平，也不能爲社會帶來寧靜。因爲只要有人的地方，就會有紛爭，就會有煩惱，所以你必須偶爾到沒有人的地方找快樂。

有個故事說，有一天，羅素的一位朋友到他家探望他。

才剛走進屋子裡，就看見羅素直視著窗外的花園，兩隻眼睛散發著迷濛的光彩，似乎陷入了沉思之中。

朋友好奇地問他：「您在苦思冥想些什麼呢？」

「喔，是這樣的，」羅素說：「每當我和一位大科學家談話，我就肯定自己的人生只會過得越來越悲慘，越來越沒有希望。但是，每當我和我花園裡頭的植物談天時，我就深信人生處處都充滿了陽光。」

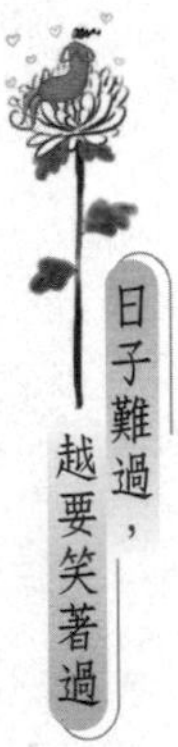

作家席慕容曾說：「親近大自然，是親近美的起步。」

當你對周遭的人感到失望的時候，去看看大自然裡的小動物，你會發現你在這個世界上還是有許多好朋友。

當你對環境感到悲觀的時候，徜徉在大自然的懷抱裡，你會發現這個世界竟然還存在著新鮮空氣。

當你對人生感到沮喪的時候，看看大地上的一草一木，你會體會生命的節奏，看淡生死的苦樂。

當你對未來感到害怕的時候，去觀察白晝黑夜的交替、彩霞破曉的餘韻，你會感受到這個世界處處充滿奇蹟。

大自然是每個人的故鄉，我們從自然而來，自然也必須經常回歸自然，才能找回身心的平靜。

大自然其實無處不在，只要你肯用心欣賞一朵花的芳美，只要你肯貞心領略一株小草的堅韌，你所在的地方，就是最自然的自然，你眼中所看見的，就是最美好的美好。

沒錢，也可以過充實的日子

只要你願意持續地朝著夢想邁進，那麼無論你口袋裡有多少財富，你都早已過著和有錢人一樣的日子！

物質享受不能代表一個人賺錢的能力，只能說明這個人花錢的能力。

一個人身上的東西有價值，不代表這個人就有價值。相反的，最有價值的東西，通常都會藏在外人看不見的地方，比如說，在我們的心裡，以及在我們的腦袋裡。

美國汽車大王福特在一次經過底特律市郊時，無意中看見一輛福特汽車的車主正在路邊修車。那台車看起來似乎有點故障，但是對於身經百戰的福特來說，根本不是什麼大問題！福特於是秉持著熱心助人的精神，自告奮勇上前幫忙。

才沒有花多少時間，車子就修好了。車主爲了表達自己的感激，特地從口袋裡掏出五塊錢美金，交到福特手上，對他說：「拿去買包煙吧！就當成是我給你的酬勞！」

福特婉拒了車主的好意，微笑著說：「不用了，謝謝。老實說，我現在擁有的錢多到自己也不曉得要怎麼花，我只是很樂意幫你發動汽車而已，不是爲了什麼酬勞。」

「哼，你在吹牛吧！」車主一臉不屑地說：「要是你眞的像你說的那麼有錢，幹嘛還開著那輛國產福特汽車到處跑呢？」

房地產界裡頭流行著一句名言：「那些穿著汗衫拖鞋來看房子的人，才是最有可能成交的客戶。」

別以爲有錢就是大爺，事實上，有錢人可能比一般人過著更辛苦的日子，但是他們卻懂得享受努力的過程，讓每一滴汗水都能結出晶瑩剔透的果實。對有錢人來說，他們努力的目的不是爲了賺錢，而是爲了實現自己的夢想，因爲他們知道，美夢成眞的那份成就感，不是金錢可以買到的。

許多人都有同樣一個迷思，認爲金錢是世界上最値得追求的一樣東西，事實上，夢想比金錢更可貴。

錦衣玉食的生活固然吸引人，但若缺乏夢想、缺乏奮鬥的目標，每天醒來之後除了如何花錢以外不知道該做什麼，這樣的人生又有什麼意義呢？

荷包裡的鈔票只能帶給我們方便，卻不能給予我們心靈上的踏實；存摺上的數字只能令人心安，卻不能讓人由衷地感到滿足。

不管有沒有錢，我們都應該努力過日子。只要你願意持續地朝著夢想邁進，那麼無論你口袋裡有多少財富，你都早已過著和有錢人一樣的日子！

要爲自己的選擇負責

只要你肯走到盡頭，就不怕沒有出路。人生最難的不是做個聰明的選擇，而是如何為自己那些錯誤的選擇負責。

人生，是一連串不斷選擇所交織出來的成果。只是，你不只可以選擇人事物，同時也可以選擇你看待這些人事物的觀點。

有兩個事業不如意的年輕人，一起去拜會一名德高望重的大師。

他們問大師：「我們在公司裡成天被人欺負，工作繁重得連休息的時間都沒有，上班實在太痛苦了，請您教教我們，我們是不是應該辭掉工作？」

大師閉著眼睛，沉默了好一會兒，才吐出五個字：「不過一碗飯……」

還沒等年輕人開口繼續問，大師便揮揮手，示意他們兩個人退下了。

第二天，才回到公司，其中一個人就遞上辭呈，決定回家種田；另外一個人卻毫無動靜，繼續留在公司擔任原來的職務。

光陰似箭，轉眼十年的時光飛逝。

選擇回家種田的那個人，把所有心思投入農業研發工作，加上適當地運用生物科技，這些年來，居然也經營有成，發明了一種新品種的玉米，口袋裡攢了不少錢。

另外一個留在公司的人，際遇也不差。他逆來順受、埋頭苦幹，總算漸漸受到上頭的賞識，成了獨當一面的部門主管。

一天，兩個人在某個工作場合中再度重逢。

玉米大王好奇地問道：「眞是奇怪了，當初大師給我們同樣『不過一碗飯』這五個字的提示，我一聽就懂了，你怎麼聽不懂呢？大師的意思是說，只不過一碗飯嘛，有什麼了不起的？何必硬把自己侷限在公司裡忍氣吞聲呢？所以，我那天晚上想了一夜，立刻毅然決然地辭去工作。你呢？你爲什麼不照大師的意思去做？」

「我正是照大師的意思去做啊！」部門經理笑著說：「大師說『不過一碗飯』，不正是要我們少生氣、少計較，老老實實地混碗飯吃嗎？」

兩個人你一言我一語，僵持不下，都覺得自己有理。最後，他們決定再度拜訪那名大師，好好問清楚他究竟是什麼意思。

大師的模樣，看起來和十年前沒有什麼兩樣。他依舊閉著眼睛，端坐在一方蓆子上頭。在聽了他們的問題之後，大師沉默了好一會兒，才回答了五個字：「不過一念間……」

日子難過，越要笑著過

美國電視圈名嘴歐普拉被選爲全球十大最具影響力的女人之一，她說：「我的生活哲學是，人應為自己負責。」

大家都知道，每個人的際遇，其實都是自己選擇的。

選擇人人都會，問題是，有多少人願意為自己的選擇負起全部責任？做了一個錯誤的決定，你是會怨天尤人，還是會一肩扛起？事業遇到波折，你是會捲鋪蓋走路，還是會立定志向捲土重來？

俗話說：「行行出狀元」，也有人說：「守得雲開見明月」，更有人說：「條條大路通羅馬」，無論你最初的選擇是什麼，只要你從不回頭，就絕對不會後悔；只要你肯走到盡頭，就不怕沒有出路。

原來，人生最難的不是絞盡腦汁做出聰明的選擇，而是如何為自己那些錯誤的選擇負責。

提起靠的是勇氣，放下靠的是智慧

不好的情緒對每個人來說都是負擔，要知道，壞事本身傷害不了你；能夠傷害你的，是那些你自己製造出來的負面情緒。

有句英國諺語說：「想找煩惱的人，永遠不會找不到煩惱。」然而，不想找煩惱的人，也難免會有一些煩惱。無論多麼快樂的人，都免不了會有一些麻煩纏身。問題是，你打算讓這些煩惱困擾你多久？

一堂關於情緒處理的課程中，講師請學生們做一個實驗。他拿起手中裝滿水的玻璃杯，問台下的學生：「你們猜，玻璃杯裡的水大約多重？」

學生們眾說紛紜，每個人都說出了他們心目中的理想答案，從一百克到五百克不等，人人的看法都不太一樣。

講師接著說：「其實，這些水的重量並不重要，重要的，是你拿著水杯的時間。如果只拿一分鐘，那杯子裡的水多重有什麼關係？你的手根本一點感覺也沒有。但是如果拿著一小時，你的手臂會開始痠痛，這個時候，你會希望杯子裡的水越輕越好。如果拿著一整天，你的手臂可能會受到傷害，更糟糕的是，你可能會受了傷卻不自知……」

講師說著說著，放下了手中的玻璃杯，語重心長地對大家說：「你們可以看見，玻璃杯裡的水有多重，答案其實因人而異。但是可以肯定的是，只要你用手拿著的時間越長，你手中的物件就會越重。人的情緒，就如同玻璃杯裡頭的水，只要一直拿著，就會令人負荷不了，你們說是嗎？」

日子難過，越要笑著過

選擇提起，靠的是勇氣；懂得放下，這才是眞智慧。

心情不好的時候，與其一直記掛著那些讓自己心煩的事，不如放空自己，暫時把注意力轉移到其他地方，以免自己心上的那杯水越來越沉重。

不好的情緒對每個人來說都是負擔，若是提得太久，對人對己的傷害就會越大。最好能夠適時放下重擔，給自己一個喘息的機會，下一次提起時，你才會更加遊刃有餘。

要知道，壞事本身傷害不了你；眞正能夠傷害你的，是那些你自己製造出來的負面情緒。

結束並不難，重新開始才最難

人生就像玩大富翁，無論你擁有多少財富、多少機會，只要命運之神打個噴嚏，隨時都能把你送回起點。

結束並不難，重新開始才是最難的。

然而，重新開始也可以是無比的美好。因為那是一個全新的起點，沿途將會有很多未知的事物以及美麗的風景呈現在你眼前。只要你願意拋開過去，你便能像個嬰兒一樣，用最純潔無懼的心情展開這段旅程。

一名十歲的小男孩因為車禍導致下半身癱瘓，醫生殘忍地宣布，這個小男孩再也無法用下肢直立行走了。

小男孩的父母知道了這個消息以後，心痛得不得了。他們無法接受自己活潑可愛的兒子再也不能和從前一樣自由自在地蹦蹦跳跳，但是他們也知道，最沒有辦法接受的人，其實是小男孩自己。

於是，堅強的母親強忍心痛，轉換了另外一種心態，笑著對病床上的兒子說：「孩子，雖然這是個壞消息，但是也不是太壞。你要像剛出生的嬰兒一樣，一切重新開始了！」

出院以後的小男孩，果然像個嬰兒一樣，重新學習新的行動方式，並且努力適應他的新生活。

在父母的陪伴與鼓勵之下，小男孩很快就重新燃起了對生命的熱情。經過多年的努力，他雖然不能像個正常人一樣用腳走路，卻乘著輪椅橫貫了美國全境。

人生就像玩大富翁，無論你擁有多少財富、多少機會，只要命運之神打個噴嚏，隨時都能把你送回起點。

因此，我們知道，最悲慘的不過是回到起點，一切歸零，一切重新開始；最辛苦的也不過是打回原形，捲土重來，重新修煉。人生最倒楣的際遇，也不過就是如此。那麼，還有什麼事情可以把我們擊倒呢？

有的人的人生是一篇長篇小說，劇情百轉千折，迴腸盪氣；有的人的人生則是一篇又一篇的短篇小說，被切割成一段又一段，充滿開始與結束，但是加起來，仍然是很完整的一本書。

長篇小說有長篇小說的引人入勝，短篇小說也有短篇小說的多采多姿。

如果當不成氣勢磅礡的長篇小說，那就選擇做一本精采絕倫的短篇小說集吧！畢竟，命運的神來之筆掌握在我們自己手裡，世界上的故事無分長短，只有分好的故事與壞的故事。

在灰燼裡看見美好的曙光

越是傷心難過的時候，我們越是要強迫自己向前看；不光只是要向前看，更要懂得往好的方向看。

無論眼前的生活有多壞，有智慧的人還是能夠帶著微笑，在壞的灰燼裡，看見美好的曙光。

既然悲劇已經發生了，那麼再多的悔恨、懊惱也改變不了事實，我們唯一能做的，就是避免更多悲劇發生。

生離死別是我們每一個人都必須經歷的人生旅程，無論是失去至親還是摯愛，都一樣令人痛不欲生。

固然我們知道，要化悲憤爲力量；固然我們也知道，再怎麼難過都於事無補，但是卻很少人知道，要怎麼樣才能做到不難過、不悲傷？

有個女人和丈夫結婚多年，感情仍然像戀愛般甜蜜。

不知道老天爺是嫉妒他們，還是考驗他們，一天，丈夫在開車回家的路上，不幸發生車禍死亡。

據說出事地點是個緊急轉彎的地方，由於那個路段是下坡，駕駛者經常會超速卻不自知，因爲這樣而命喪黃泉的人不知道已經有多少了。

女人聞知丈夫的死訊之後，傷心難過得幾乎快要崩潰。好長一段日子裡，她只把自己關在房間裡，終日以淚洗面，哀悼死去的丈夫。

事隔一年之後，女人知道不能讓自己再這麼消沉下去，如果她的丈夫還活著，一定也不希望她和現在一樣過著行屍走肉般的日子。

女人嘗試著要從傷痛中走出來。她接受了丈夫死亡這件事，卻不希望讓她的丈夫白死。

於是，她買下了出事地點旁邊的土地，在那塊土地上種滿了鮮花，讓所有路過此地的人都能看見路旁的花海，都能體驗到那份令人留戀的美麗。這麼一來，開車的人會不知不覺地放慢速度，一邊開車一邊欣賞旁邊的美景，從此這個路段再也沒有車禍事件發生。

日子難過，越要笑著過

據說在非洲的某個部落裡，如果有人遭人殺害，那裡的人會把兇手抓起來，交給死者的家屬，由家屬把兇手的四肢綁起來，扔進河裡，然後，家屬可以選擇是要淹死他，還是救起他。

如果你選擇淹死你的仇人，你得到了正義，卻一生都不會快樂。但若你決定拯救你的仇人，你的靈魂也將一併得到救贖。

挺有意思的，不是嗎？

很多時候，我們怨的、恨的，不是什麼人，而是住在我們頭頂上，本來應該要眷顧我們的那個神。

因爲我們不願意接受事實，所以只能埋怨上蒼。可是同樣的，埋怨上蒼可以讓你有處發洩怨氣，卻不會令你快樂，只有順著上天的旨意，發揮上天的仁德，你才能夠在悲憤當中得到站起來的力量。

越是傷心難過的時候，我們越是要強迫自己向前看；不光只是要向前看，更要懂得往好的方向看。

懂得惜福才會幸福

沒有別人的苦，對照不出自己的幸福；沒有昨天的苦，襯托不出今天的幸福。一個人之所以幸福，是因為他懂得惜福。

如果你覺得不幸福，那很可能是你身在福中不知福。沒有到過地獄的人，不能感受到天堂的好。

換個角度來講，如果你不喜歡你身處的環境，那很可能是因爲你不曾見識過其他更惡劣的地方。

有一群人聽說了在天堂裡生活的種種好處，個個嚮往不已，當下決定出發尋找傳說中的天堂。

爲了享受無憂無慮的日子，爲了吃到香甜可口的仙果，爲了窺見貌美如花的仙女，爲了擁有不愁吃穿的生活，這群人不辭勞苦，經歷了無數的艱難，終於到達了一處入口標示爲「天堂」的地方。

一來到這裡，多年來的辛苦總算有了代價，他們這群人高興不已，有的興奮得連聲歡呼，有的激動得喜極而泣。

天堂的守門員看了，感到非常奇怪，好奇地問眼前這幾個人：「你們究竟在高興什麼呢？」

「這還用說，我們來到了天堂，怎麼可能不高興呢？」

「來到天堂，有什麼好高興的？我倒想離開這個乏味的地方呢！」守門員滿臉無奈地說。

這群人聽了，百思不解，納悶地問道：「難道你生活在天堂裡，還不覺得滿足和快樂嗎？」

「滿足和快樂？」守門員苦笑道：「我一點兒也不覺得。你們是從哪裡來的？

爲什麼會認爲天堂是個好地方呢？」

「我們是從地獄來的。」

「地獄？地獄是什麼地方？我怎麼從來都沒聽說過。」

這群人這才露出了恍然大悟的表情：「喔……難怪你不覺得天堂好，那是因爲，你從來沒有去過地獄啊。」

日子難過，越要笑著過

一個人之所以幸福，往往是因爲他懂得惜福。

只要你懂得珍惜眼前的際遇，懂得欣賞自己所擁有的一切事物，那麼你所在的地方，就是天堂。

有句話說：「最富有的人，就是心中無所求的人。」

當你被無窮無盡的慾望折磨時，想想其他那些生活在地獄當中的人，你就會發現，就算你不能到達你夢想中的天堂，能夠活在人間，也已經算得上是一種奢侈的幸福。

幸福其實只是一剎那的感覺，而這種感覺，通常是經由比較得來的。

難道不是嗎？沒有別人的苦，就對照不出自己的幸福；沒有昨天的苦，就襯托不出今天的幸福。

每個人都可以是幸福的，端看你是要追求那遙遠的想望，還是實際一點，捕捉眼前那一剎那的感動。

努力是爲了給自己交代

最出鋒頭的人，往往都不會是最高明的人。因為真正的高手，既不會管閒事，也不會強出頭，更不會在乎那些無聊的名聲。

人有多少成就，靠的是機運；人有多少能力，靠的是努力。

不要老是問自己會不會擁有和別人一樣的成就，要問問自己能不能擁有和別人一樣的實力。

「爲什麼那些不如我的人成就都比我高？」這不只是你的疑問，也是大多數人的煩惱。

如果你正爲了類似這樣的事情心煩，或許，下面這則小故事能夠給你一些不同的啓悟。

中國歷代名醫當中，除了華佗之外，最有名的，應該就是戰國時代的扁鵲。扁鵲出身於醫生世家，除了扁鵲之外，扁鵲的兩個兄長也都是醫生，然而，他們的名望卻遠遠不及扁鵲。

一天，扁鵲替魏文侯診病時，魏文侯問他：「你們家三個兄弟都精通醫術，可是，究竟誰的醫術才是最好的呢？」

扁鵲回答：「大哥最好，二哥也很不錯，只有我的醫術最差。」

「喔？」魏文侯有些驚訝，又問道：「那麼爲什麼你們三兄弟之中，就屬你的名聲最響亮呢？」

「是這樣的，大王，」扁鵲不卑不亢地說：「我大哥在人還沒發病之前，就已經可以看出那個人的身體哪裡不好而預先剷除病根，所以一般人都不覺得他的醫術好，只有醫道中人才知道。我二哥在病人的病情剛發作時，就已經可以診斷出病源，並且對症下藥，所以一般人都以爲他只會治小病而已，不知道那其實有多麼不容易。至於上門找我醫治的人，都是一些已經病入膏肓的人，人們看見我穿針放血、拔罐敷藥這些大動作，自然都以爲我的醫術高明，其實比我更高明的，還大有人在呢！」

魏文侯聽了頻頻點頭，不僅佩服扁鵲的醫術，從此更加敬重他的爲人。

日子難過，越要笑著過

最出鋒頭的人，往往都不會是最高明的人。因爲眞正的高手，既不會管閒事，也不會強出頭，更不會在乎那些無聊的名聲。

我們看電視上那些天王天后們，他們眞的是最出衆的嗎？眞的是最特別的嗎？不，眞正了不起的，其實是在幕後包裝他們的人，其實是當初發掘他們的人，其實是那些我們叫不出名字的小人物。

同樣的道理，一家公司的經營者，通常也不會是最厲害的角色，他的麾下，必定有許多比他更傑出的幕僚、軍師、管理人員、研發人員……這些人負責埋頭苦幹，而經營者的任務，則是扛起公司的招牌。

一個我們必須接受的事實是，不是每個人的努力都可以被看見。

但是，反過來說，我們之所以努力，並不是爲了吸引別人的眼光，而是爲了要對自己有所交代，不是嗎？那些俗世的名與利，不過是時勢造英雄，並不值得羨慕，也沒有什麼好計較。

如果那些能力不如你的人擁有比你更大的成就，那是他的幸運與際遇。你可以拿自己和別人比較，但是不需要拿你的人生和他的人生做比較。因爲你或許可以改變你這個人，卻不可能改變你整個人生。

他是地上的雄獅，你是天上的飛鳥，這兩者之間該從何比較起呢？

不管別人對不對，自己對才重要

除了你自己，沒有人可以讓你不快樂，你更不需要因為別人放棄了你的快樂。

碰到專門和你作對的小人，你通常都會怎麼做呢？

雖說「以牙還牙，以眼還眼」不失爲一種大快人心的選擇，但若眞的這麼做了，我們又和那些你我不齒的小人有什麼兩樣呢？

某天晚上，我和朋友約好了一起吃飯。

我們來到了附近一家有名的餐廳，但是這家餐廳看起來似乎已經客滿。

朋友不肯放棄一線希望，主動走上前詢問門口的接待人員：「我們有兩個人，請問有沒有位置？」

「沒有！已經客滿了！」那名接待人員頭也不抬，口氣也相當冰冷，好像全世界都欠他錢一樣。

朋友似乎對那名接待人員的態度毫不在意，依舊禮貌地說了聲謝謝，然後拉著我一同離開那家餐廳。

才剛踏出餐廳大門，我就忍不住抱怨：「那傢伙的態度眞差，要是我是老闆，我才不要請這樣的員工呢！」

「唉，現在很多年輕人都是這樣的。他們我行我素，才不管你是老闆還是客人！」朋友說。

「那你幹嘛還要對他這麼客氣啊！」我仍然心有不平，「我們是來花錢吃飯的耶，幹嘛要看他的臉色？」

朋友笑了笑，反問我說：「他是他，我是我，爲什麼我要讓他的態度決定我的行爲呢？」

是啊，不管別人對不對，自己對比較重要。

別人的一句話、一個行爲或許可以影響你，卻不能影響你的心情。除了你自己，沒有人可以讓你不快樂，你更不需要因爲別人放棄了你的快樂。

如果你的朋友做出某件令你討厭的事情，那只是讓你更看清楚他這個人而已，根本沒必要拿他的錯誤懲罰自己。如果陌生人做出了某件冒犯你的事情，那只是提醒你不要與他同流合污。你不需要爲了還以顏色而降低自己的格調，更千萬不要把自己變得和他一樣沒有水準。

對付小人最好的方法，不是把自己變得跟他一樣小人，是要堅持自己的原則，不和那些沒見識的人一般見識。

PART 5

鼓勵，讓你活得更出色

正因為環境是如此惡劣，前方的道路是如此崎嶇，所以你才要表現得比別人更積極、更勇敢、更加有自信。

沒有什麼其他理由，只因爲你必須

正因為環境是如此惡劣，前方的道路是如此崎嶇，所以你才要表現得比別人更積極、更勇敢、更加有自信。

勇者無懼，不一定是勇者不害怕，更可能的情況是，他們勢在必得，早已忘記了要害怕。

第二次世界大戰爆發之時，一位德國將領高傲地問一名瑞士軍官：「你們有多少人可以作戰？」

瑞士軍官回答：「五十萬人。」

德國將領聽了，不屑地笑了笑，接著說：「那如果我派百萬大軍進入你們的國境，你要怎麼辦？」

「不用怎麼辦，這個問題很簡單，我們只要每人打兩槍就行了。」瑞士軍官用充滿信心的語氣回答。

尼采曾說：「受苦的人，沒有悲觀的權利。」

越是艱難的時刻，越是需要保持樂觀的思想。因爲當你一無所有的時候，若是連信心也失去，那麼恐怕就只能等死。

信心通常不能給你需要的東西，卻能告訴你如何得到。

一個做生意失敗、瀕臨破產邊緣的商人向一位大師求助。他問大師：「我要怎麼樣才能夠翻身呢？」

大師只淡淡回答了一句話：「不是『怎麼樣』，而是『必須』。」

一位媽媽看見孩子被壓在一輛車子的輪胎下痛苦地掙扎著，不知道從哪兒來的力氣，竟然徒手把整輛車子抬起來，成功地救出自己的寶貝兒子。事後，她回想起這段經歷，描述道：「當時我的腦袋裡一片空白，除了『救孩子』以外，什麼都沒辦法想，就連恐懼、害怕……也一併拋在腦後了。」

當人遇到困難時，害怕是很正常的事，但是你也要知道，害怕本身對事情一點幫助也沒有。你要學習的不是「不要害怕」，而是如何花最少的時間害怕，然後用更多的時間思索解決之道。

有句老生常談的話是說：「能夠解決的事情，不需要你擔心；不能夠解決的事情，你擔心也沒用。」

正因為環境是如此惡劣，前方的道路是如此崎嶇，所以你才要表現得比別人更積極、更勇敢、更加有自信。

沒有什麼其他的理由，只因為你必須！

不要給自己太多懶惰的藉口

知識沒有「可學可不學」，工作沒有「可做可不做」，不要給自己太多偷懶的藉口，做，就對了！

克服自己惰性的最好辦法，就是一刻也不允許自己偷懶。補足自己決心不夠堅強的唯一方法，就是一再地重新下定決心。

成功沒有秘訣，只要你不讓自己有理由停下腳步。

一個年輕人問大哲學家蘇格拉底：「我要怎麼樣才能在最短的時間內獲得最多知識呢？」

蘇格拉底沒有回答，只是將這個年輕人帶到河邊，把他的頭壓在河裡，讓河水淹沒了他整個上半身。

年輕人在水裡不停掙扎，拼命使出渾身解數，才好不容易將頭探出水面。此時，蘇格拉底問道：「剛才你在水裡，最大的願望是什麼？」

「空氣，當然是呼吸新鮮的空氣。」

「是啊，你要記得剛才頭埋在水裡，渴求著空氣的感覺，學習沒有別的秘訣，你只要使上這股勁兒就對了！」蘇格拉底語重心長地說。

日子難過，越要笑著過

凡事盡力，就不會有遺憾。天底下沒有學不會的東西，有的只是你那顆不想學習的心。

很多學生問：「爲什麼要讀書？」也有很多上班族抱怨：「爲什麼要工作？」但說穿了，這些其實都只是拖延著不想做的藉口而已。

當你知道你不能不讀書，當你知道你不能不工作，當你知道你沒有退路的時候，你的心裡自然會生起一股奮勇直前的力量，推著你朝向目標邁進。

很多時候，我們停在原地不動，不是因爲沒有力氣，不是因爲沒有能力，純粹只是因爲我們想賴著不走而已。

就是這一刻的放鬆，使我們長久以來的努力變成一盤散沙；就是這一刻的拖延，把我們的人生拖成了一條又重又長的鎖鏈。

如此一來，又怎麼能在最短的時間內求得最多的知識？又如何能用最快的速度實現夢想呢？

既然已經選定了方向，下定了決心，就不應該再心有旁騖。

堅定地告訴自己：知識沒有「可學可不學」，工作也沒有「可做可不做」，不要給自己太多偷懶的藉口，也不要給自己太多停步的機會，盡心盡力去做就對了！

沒有一個人不是寂寞的

如果你覺得一點也不寂寞，可能是因為你還不夠努力。試問一個想得比別人多、走得比別人快的人，怎麼可能不寂寞？

有才華的人最怕沒有人賞識，更怕有人欣賞，但卻只有極少數的一群人懂得欣賞。因爲如果完全乏人問津，那表示他其實不像自己以爲的那般才氣縱橫，可以早日去做一個沒有才華的普通人，踏踏實實地過日子。

但若沿途不時出現幾個零星的掌聲，那將會吸引他繼續等待機會，無論那個機會究竟有多麼虛無縹緲，無論等待的時光是多麼的寂寞難熬。

一名經紀人對劇作家說：「有好消息也有壞消息，你要先聽哪一個？」

劇作家說：「先聽聽看好消息吧！」

「是這樣的，派特蒙很喜歡你的劇本，而且一直緊咬著不放。」

「喔，眞是太好了！」劇作家喜上眉梢，接著問道：「這樣的話，還能有什麼壞消息呢？」

「嗯，我要告訴你的壞消息是——派特蒙是我家的那條狗。」

日子難過，越要笑著過

在從平地爬向高峰的旅程中，沒有一個人不是寂寞的。

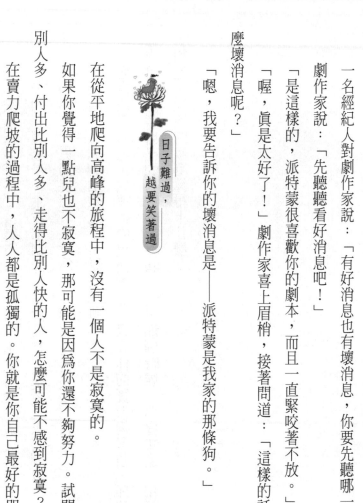

如果你覺得一點兒也不寂寞，那可能是因爲你還不夠努力。試問一個想得比別人多、付出比別人多、走得比別人快的人，怎麼可能不感到寂寞？

在賣力爬坡的過程中，人人都是孤獨的。你就是你自己最好的朋友，你也是你自己最好的觀衆，你更是你自己最忠實的支持者，只要你肯定自己沒有走錯，那麼誰也不能說你錯。

別人不懂得欣賞你，這是很正常的事。畢竟，大多數人喜歡看的是蓋世高手一飛沖天的華麗場景，誰有那個閒情逸致欣賞你拖著沉重的腳步，氣喘如牛奮力往上爬的模樣？更別妄想有人會爲你這副狼狽模樣拍手叫好！

要知道，世間的伯樂比千里馬更加難求。

値得慶幸的是，只要你的東西夠好，只要你的實力夠堅強，即使沒有伯樂，你也可以憑著自己的力量到達巔峰。到了那個時候，你會知道，和眼前豐碩的果實相比，從前的寂寞算得上什麼？

要勇敢選擇，不要無可奈何

人們時常覺得無可奈何，那是因為我們都遺忘了自己擁有的「選擇」權利，在你面前的道路永遠不會只有一條。

每個人的一天之中都必須做出幾十個或幾百個選擇，如果你感到別無選擇，那麼，坦然接受自己的命運，其實也是一種選擇。

某天，一個男人在餐廳裡點了一份套餐。吃完主菜以後，服務生前來把盤子收走。男人問服務生：「套餐是不是附有餐後的飲料可以選擇？」

服務生點點頭，遞給男人一份菜單。

男人看了看菜單，點了一杯咖啡。

只是，服務生說：「對不起，咖啡已經賣完了。」

男人低頭又看了一下，點了一杯紅茶。

沒想到服務生依舊酷酷地說：「對不起，紅茶也已經賣完了。」

「那請問還有什麼可以選擇的？」男人的口氣有些不悅。

服務生回答：「我們只有柳橙汁！」

「那爲什麼還要拿菜單給我看呢？你們擺明了根本就是沒得選擇嘛！」

「不，」服務生冷笑著說：「你可以選擇要或不要……」

莎士比亞曾經說過：「如果你沒有某種能力，請你假定你有。」

人生只會有谷底，不會有絕境，因爲即使走到了道路的盡頭，你的手中依然握有選擇的權利——你可以把心一橫，跳落懸崖；也可以留在原地，靜待轉機；更可以走回頭路，勇敢面對江東父老；亦或許，你可以憑著自己的力量，開創出一條新的道路。

無論你如何選擇，你都擁有選擇的權利，不會別無選擇。人生的道路，其實比你看見的還要寬闊。

人們時常覺得身不由己，時常覺得無可奈何，那是因爲我們都遺忘了自己擁有的「選擇」權利。

不管環境如何艱險，在你面前的道路永遠不會只有一條；如果你缺乏明智抉擇的能力，請你假定你有。

掌握先機，才能化危機爲轉機

每個危機發生的時候，其實也是驗收成果的時候。危機是否能成為轉機？端看你有沒有提前掌握先機！

雖然我們常說機會只給準備好的人，但是危機卻是說來就來，從來不管人們準備好了沒有。

幾乎每個成功的人，都有能力化危機爲轉機。

有個知名的小故事說，有一次，英國首相威爾遜來到一個公開場合演講，正當他的演說進行到一半時，台下突然有個不滿意他的搗蛋份子，對著他氣憤且大聲地嚷嚷著：「狗屎！垃圾！」令現場氣氛一下子變得尷尬不已。

威爾遜的演說雖然被打斷了，但是他沒有因此向惡勢力低頭，只見他急中生智，不慌不忙地說：「這位先生，請您稍安勿躁，對於您提出來的有關環保問題，我馬上就要講到了！」

那名高聲喧嘩的搗蛋份子或許從來沒有想過，自己處心積慮的破壞，反而使威爾遜贏得全場人士的喝采。

日子難過，越要笑著過

許多人都說：「危機就是轉機。」這是一句鼓舞人心的勵志小語，卻也是一句自我麻醉的空口白話。

眼看著我們身邊有那麼多人被挫折擊倒，有那麼多人因爲某個小醜聞一蹶不振，誰說危機一定就是轉機？難道那些向失敗投降的人，都不曾在危機中找尋一線生機嗎？

不，相信他們也一定努力過，也一定奮鬥過，只是，如果你在一帆風順的時候，從來沒有設想過遭遇困境的可能性，如果你從來不曾培養自己面對挫折的應變能力，如果你的功力不夠深，如果你的底子不夠硬，那麼，你很可能就會被突如其來的危機一拳打倒，而且還會被打得暈頭轉向，不醒人事！

如果英國首相威爾遜不是在平常就累積了足夠的演講實力，以及高度的自信，他又怎麼能夠在危機發生時，把話「轉」得那麼得體，把場面「轉」得那麼漂亮呢？

「危機就是轉機」，這不是等危機發生之後才呼喊的口號，而是平時就要注意的應變之道。

每個危機發生的時候，其實也是驗收成果的時候。危機是否能成爲轉機，端看你有沒有提前掌握先機！

不能見人，至少可以嚇人

那些成功的人士，不一定有什麼過人的本事，他們只是懂得將自己身懷的每一個雕蟲小技都發揮到極致。

上課時，老師說：「豬是一種很有用的動物，牠的肉可以吃，牠的皮可以做成皮革，牠的毛可以做成刷子。現在，還有誰可以說說看，牠還有什麼其他的用途嗎？」

「老師，」一個學生舉手回答：「牠的名字還可以罵人。」

一個人之所以會成功，是因爲他相信自己會成功。一個人之所以會受人敬重，是因爲他懂得尊重自己。就連豬都有那麼多功能了，更何況是人呢？

某天，阿珠對好朋友阿花說：「阿花，聽說妳最近交了一個男朋友，怎麼不帶來給大夥兒看看呢？」

「不行，不行……」阿花急忙推託，說道：「他那個長相上不了檯面，不能見人的。」

「呵，你就別謙虛了，」阿珠笑著說：「就算他真的不能見人，至少也應該帶他出來嚇人啊！」

是啊！就算不能見人，至少也可以嚇人！那些成功的人士，不一定有什麼過人的本事，他們只是懂得將自己身懷的每一個雕蟲小技都發揮到極致。

據說，戰國時期的貴族們喜歡養士，門下召集了大批賢士。一天，一名客人求見公孫龍子，公孫龍子問他：「你會什麼？」

這個人說：「我什麼也不會，就是嗓門大。」

公孫龍子把他留下了，結果，在一次重要的出巡時，公孫龍子一行人經過一道寬闊的河岸，當時所有的船隻都在對岸，這個嗓門大的賢士大聲一喊，所有船隻便搖了過來。

如果這個故事還不足以打動你，請再看看下面這一則故事。

唐朝的時候，有個舊識的兒子來投奔丞相韓滉，這個年輕人什麼也不會，就算是韓滉帶他去參加筵席，他也只坐在那兒，一整個晚上一動也不動，一句話也沒有講。

韓滉於是派他去守軍隊的倉庫，只見這人坐在倉庫門口，一坐就是十幾個鐘頭，一步也沒有離開過倉庫門口，從此，再也沒有士兵敢隨便出入了。

現在，你還認為自己一無是處嗎？或許，你不是如你所想的那麼不堪，你只是還沒有替自己找到適當的位置。

容忍失敗，更要感謝失敗

要有傑出表現，靠的不是力量，而是不屈不撓的精神。沒有人會永遠一帆風順，能夠面對失敗，你已經成功了一半！

一時的失敗，不算失敗；一連串的失敗，也不算失敗；只要你始終不低頭、不認輸，只要你只是失敗，不是失志。

別以為你是全世界最倒楣的人，事實上，比你更倒楣的大有人在，比你更倒楣卻依然有辦法東山再起的，也大有人在。

想想看，如果你飽受了以下打擊，你會做出什麼樣的決定？

二十一歲——失業。

二十二歲——角逐州議員落選。

二十四歲——生意失敗。

二十六歲——妻子逝世。

二十七歲——精神崩潰。

三十四歲——角逐聯邦衆議員落選。

三十六歲——角逐聯邦衆議員再度落選。

四十五歲——角逐聯邦參議員落選。

四十七歲——提名副總統落選。

四十九歲——角逐聯邦參議員再度落選。

當你面臨這樣的狀況，你還會對人生抱持多少希望？

然而，就是有人不肯死心、不肯放棄，持續奮鬥了三十一年以後，這個人終於在五十二歲時當選爲總統。

他就是美國第十六任總統林肯。

每個人都有機會遭遇失敗，可是有些人只遭逢一次失敗，就舉手投降；有些人卻經歷了好幾次失敗，都還不肯承認自己失敗。

一名網球選手說：「曾經有人問我，『難道你比賽的時候都不會感到緊張害怕嗎？』我的答案往往是，『當然會呀！』不過，我強迫自己要以平常心面對，所以我總是可以很平靜面對失敗，認清失敗並不是我的敵人。我告訴自己，不僅要『容忍』失敗，而且還要『感謝』失敗。」

阿拉伯諺語說得好：「人從成功中學到的少，從失敗中學到的多。」

要有傑出表現，靠的不是力量，而是不屈不撓的精神。沒有人會永遠一帆風順，能夠面對失敗，而且不被失敗擊倒，你已經成功了一半！

心情決定心境，心境決定處境

人生誠然有些無可避免的悲慟與傷心，但大多數令人沮喪、難過的小事情，只要轉換態度，自然就會煙消雲散。

你在想什麼，看見的就會是什麼。

例如，一隻大鳥飛過天際，學校裡，正爲升學考試努力的學生看見了，也許會不禁想到：「唉，當隻鳥眞好，可以自由自在地飛翔，想去哪裡就飛去哪裡，眞是瀟灑。」

正在路上逛街的女孩子看見了，或許會羨慕地說：「這隻鳥的羽毛可眞漂亮啊，要是我也可以有像牠那麼漂亮的羽毛，不知道該有多好！」

那些失業的中年人看見了，可能黯然神傷地說：「要是能當鳥就好了，可以無憂無慮地飛翔，沒有煩惱，而且還可以從高空俯瞰大地，不用被困在這個狹小的世界裡。」

在田地裡耕作的農夫看見了，可能感嘆地說：「這隻鳥眞可憐啊，牠這麼辛苦地迎著風飛翔，還不是爲了要覓得一口飯吃！」

日子難過，越要笑著過

你的心情決定你的心境，你的心境決定你的處境。

這樣的道理我們並不陌生，問題是，要怎麼讓自己在壞的處境當中還能擁有好的心情？

遇到好事，我們自然心情好，但是遇到不好的事情，我們也應該要強迫自己用好心情面對。

人生誠然有些無可避免的悲慟與傷心，但大多數令人沮喪、難過的小事情，都是只要轉換態度，煩惱自然就會煙消雲散。

沒有人規定你非要過得快樂不可，但是你必須知道，當你想要快樂時，快樂其實就掌握在你手中。

人的內心裡其實隱藏著一顆按鈕，只要按下這顆按鈕，告訴自己要保持好心情，自然就會感受到一股愉悅的暖流從靈魂深處湧出。

不信的話，你可以現在就試試看！順著呼吸的節奏，緩緩地按下你心裡的那顆按鈕……

對了，忘了告訴你，按下按鈕的那道咒語是「Don't worry. Be Happy！」告訴自己要快樂，你自然就會感到快樂。

還是那句老話：你的心情決定你的心境，你的心境決定你的處境。至於你，可以決定你自己的心情。

經歷了大落，所以才有大起

不要羨慕別人的成功，也不要羨慕別人的好運。許多人的成功，都是咬緊牙關才能夠拚出來的！

成功不一定有理由，但是，不成功就一定可以找到理由。

你認為是獵犬跑得比較快，還是兔子跑得比較快？

有一頭獵犬經常向主人誇口說自己跑得比任何獵物都還要快。

一回，這頭獵犬和主人一起去打獵，主人看見前方不遠處，有一隻野兔躲在草叢裡，為了試試獵犬的身手，主人於是命令牠去追那隻野兔。

「那有什麼問題！」獵犬甩了甩耳朵，絲毫不把野兔當成一回事。沒想到，經過了半個多小時的追逐，獵犬跑得氣喘吁吁，卻空手而回。主人不禁板起了臉，對獵犬的表現感到十分不滿意。

獵犬很委屈地說：「主人，你有所不知，剛才我追那隻野兔，只是抱著玩玩的心情在追，但是那野兔卻是以逃命的心情在跑，我們兩個的心態不同，我追不到牠，這有什麼好奇怪的！」

日子難過，越要笑著過

換做是你，你會選擇當玩耍的獵犬？還是逃命的野兔？

許多時候，人之所以失敗，不是因爲能力不足，是因爲心態差異。

當一個人跌入深淵的時候，他知道如果自己不爬上去就會沒命，所以他會拚了命地往上爬。

當一個人一無所有的時候，他知道自己若是不趕快賺到錢，明天很可能就會沒飯吃，所以他會日以繼夜、不顧一切地努力。

因此，到了最後，這些人都得以翻身，取得比你我都還要崇高偉大的成就。他們是因爲經歷了大落，所以才有大起；他們是因爲跌落了谷底，所以才能一飛沖天。他們的成功，是他們的福氣，至於我們平平順順的人生，不也是另外一種福氣嗎？

因此，不要羨慕別人的成功，也不要羨慕別人的好運。許多人的成功，都是咬緊牙關才能夠拚出來的！你可知道吃了這一頓沒有下一頓的日子，有多麼難受嗎？你可知道，跌落深淵、不知道什麼時候才能離開谷底的日子，有多麼無助嗎？

感謝上蒼，我們不需要經歷那種逃命般的日子。可以用玩耍的心情過生活，這比什麼都還要難得，你說是不是？

當一個人有愛心，自然就會快樂

快樂其實不難，只要不把自己看得那麼大、那麼重，煩惱自然也會跟著縮小、跟著減輕。

我們一輩子都在追求無憂無慮的人生，但是，人只要還會呼吸，就一定有煩憂。究竟我們要怎麼樣才能達到無憂無慮的境界呢？

事實上，人只有在爲他人著想的時候，才是最無憂無慮的。

印度聖雄甘地一輩子都致力於民族解放運動。

他對推動民主改革的不遺餘力以及他的仁義心腸，使他贏得了當地人的敬重，並且受到全世界的矚目。

一次，甘地要搭火車外出，在最後一刻才趕到車站。

當時火車已經緩緩向前行進，甘地因爲太過匆忙，在上車的時候，不小心掉了一隻鞋子在月台上。

眼看著已經沒有時間下車把遺落的那隻鞋子撿回來，甘地乾脆脫下腳上的另外一隻鞋子，從窗口丟向月台。

旁邊的人看見了，感到非常奇怪，他們問甘地：「只不過掉了一隻鞋子而已，爲什麼要把另外一隻鞋子也扔掉呢？」

甘地回答：「因爲這樣子，撿到我鞋子的那個窮人可以得到一雙鞋，而不是只有一隻鞋子。」

快樂的秘訣，就是不要爲你失去的那隻鞋子感到遺憾，而要想像撿到你那雙

鞋的那個幸運兒將會多麼興奮。

助人為快樂之本。這話雖然是老生常談，卻是千眞萬確。

當一個人滿腦子記掛著的都是別人的煩惱，他哪裡還有心思擔心自己的煩惱？當一個人對自己周圍的人充滿了同情與憐憫，又怎麼還會有其他事情令他感到不滿？

當一個人時時刻刻都想著要幫助那些比自己更加不幸的人，他自然會認為自己是世界上最幸福的人。

當一個人有愛心，他自然就會快樂。

快樂其實一點兒也不難，只要你不把自己看得那麼大、那麼重，你的煩惱自然也會跟著縮小、跟著減輕。就算天塌下來，你也只會想到其他人的安危，忘了替自己擔心、替自己著急，忘了擔憂，也忘了不快樂。

PART 6

激發潛能，就能超越不可能

大多數人的成功，都是每天比別人多走一點路，每天比別人多思索一個可能性，如此一點一滴成就出來的。

用微笑享受生活的幸福

超過一半以上的困擾和煩惱，其實都來自於我們自以為生活不可能像自己想像中那樣簡單，才會讓自己陷入自作自受的心靈禁錮之中。

法國學者羅斯唐曾經寫道：「不論日子再怎麼難過，每天的太陽終究還是會從西邊落下。」

所謂「難過」的日子，其實並不會因爲你用愁眉苦臉的方式去面對，就會每天少掉一個小時，因此，既然「苦活」也是一天，「樂活」也同樣是一天，那麼我們何不選擇用「樂活」的方式去度過難過的每一天？

人的情緒太容易受到外在環境的影響，如果你每天都覺得煩躁鬱悶，不妨靜下心來仔細檢討癥結所在，也許你會意外地發現，生活中有太多的苦惱，都是自己不小心造成的。

希臘神話中，有個叫做薛西弗斯的人，據說因爲犯法觸怒了天神，所以天神命他把一塊巨大的石頭從山下推上山頂。

這塊石頭沉重異常，薛西弗斯必須使出吃奶的力氣才能順利將它推動，往往才推到中途，薛西弗斯就已經累得喘不過氣，需要坐下來休息一下，可是天神卻又趁他休息的時候，讓石頭再次滾回山下。

於是一切又重新開始，如此周而復始、日復一日，沒有終點。

薛西弗斯面臨的是一項「不可能的任務」，天神讓他「明知不可爲而爲之」，面臨永遠的失敗，好令他灰心喪志，飽受精神與肉體的折磨。

然而，出乎天神的意料之外，薛西弗斯卻一點也不爲這項懲罰所苦，他每天雖然揮汗如雨地推著石頭，但是臉上始終掛著笑容。

天神覺得很奇怪，質問他：「你明知道自己再怎麼努力也不會成功，難道你一點都不感到挫折嗎？」

「有什麼好挫折的呢？」薛西弗斯笑著說：「我只知道推石頭上山是我的責任，只要我不停地把石頭往上推，我就算盡到了我的責任，至於石頭推上去以後會不會滾下來，那就不關我的事了。」

「但是，你每天都做著同樣的工作，毫無成就感，不會感到厭煩嗎？」

薛西弗斯搖搖頭說：「每天都能做著同樣的工作，不是一件很幸福的事嗎？我每天早上醒來，就知道自己要做什麼，知道自己還有工作可做，還有石頭可推，就覺得自己的人生充滿了希望。」

天神聽了這番話，知道自己已經沒有辦法再用任何方式懲罰薛西弗斯了，只好讓他提早結束刑期，重返天庭。

根據統計，有高達七成的上班族認爲自己並不喜歡現在的工作。然而，大多

數人都像被懲罰的薛西弗斯一樣，必須日復一日重複著相同的工作。

誠然，這樣的工作型態，會讓很多人覺得今天和昨天過得沒有什麼兩樣，明天也沒有什麼值得期待。但是樂觀一點來看，每天做著熟悉的例行公事，不需要適應新的環境，不需要迎接新的壓力，不也可以說是一種幸福？

身爲一個現代人，我們可以很輕易就把「快樂」這個名詞和「休閒、購物、美食」等等縱情享樂的事情連結在一起，卻很難把「快樂」和「工作」聯想在一塊兒。

的確，大部分的時間裡，工作都是不快樂的。「樂在工作」這句話，說穿了，也只不過是逼自己在工作的時候裝瘋賣傻、強顏歡笑而已。

如果可以選擇，誰願意工作？但是既然沒得選擇，就應該一邊工作，一邊想辦法讓自己好過。

不管你的工作帶給你多少不快樂，都一定比那些無所事事、茫然無措的人要來得快樂！

因爲，只要還有工作可做，這個月的帳單和刷卡費就有了著落；只要還有工作可做，就不必焦急地上網四處投履歷，或是東奔西跑應付各種應徵面試。

現在，你還會覺得有工作是一件很苦命的事情嗎？

艾科克說：「日子再怎麼難過，總比沒有日子可過的人幸福許多。」

當我們埋怨自己的日子難過，只要想一想那些躺在加護病房急救，不知道自己還有沒有明天的人；當我們怨嘆自己的日子難過，只要想一想那些每個月要靠大家捐助發票才能苟活的植物人，那麼我們還有什麼理由不笑著過那些被認爲是「難過」的日子呢？

把握時間就能搶得機先

成功需要時間的醞釀，所以沒有任何一刻時間可以浪費。隨時搶先一步的人，就能搶先一步獲得成功。

能夠預見未來，就能成功。

大部分人的資質能力其實都相差無幾，決定成敗的關鍵不在於一個人的才能，而在於是否具備獨到的眼光。

只要能夠比別人早一步掌握趨勢，比別人早一點發現問題，勢必也能比別人早一步獲得成功。

當代世界富豪比爾·蓋茲就是一個最好的例子。

論能力，像比爾．蓋茲這樣的電腦奇才雖然不多，但頂點也不是非他莫屬；論生意頭腦，白手起家的商界人士何其多，卻很少人能夠開創像比爾．蓋茲這樣輝煌的成績。

比爾．蓋茲的成功，有很大一部分歸功於他獨到的眼光。

早在一九七五年，那個電腦尚未普及的年代，他即看出了電腦產業的發展潛力，於是創立微軟公司，使得微軟公司生產的電腦軟體市場佔有率一路領先同業。不管其他公司研發出多麼先進新穎、便於操作的軟體，都無法取代微軟的地位。

比爾．蓋茲的成功未必是因爲他做得比別人「好」，而是因爲他做得比別人都要「早」。由此可見，只要比別人早一步，成功的機率就會大一點。

日子難過，越要笑著過

如果你自認沒有洞燭先機的過人眼光，也可以用另一種方式領先別人。

世界首屈一指的大提琴家馬友友，在提到自己練琴過程中最重要的要素時，他說：「在練習的時候，我會不斷的問自己問題，再想辦法回答自己提出的問題，這個過程非常重要。」

「比如，我會問自己：『爲什麼這兒要這樣演奏？』然後再回答自己：『這是因爲作曲家當初在創作時，希望表現出這樣的效果……』如此反覆地問，反覆地答。回答不出來，就去找資料；想不出問題，就絞盡腦汁去想。這就是自我鍛鍊的最好方法，也是我自己習琴這麼多年以來的心得。」

正是按照這樣的方法，馬友友總是在別人發現問題之前，早一步發現自己的問題，在缺點暴露之前，搶先修正自己的不足，正因爲此，呈現在衆人面前的，永遠是一個最完美零缺點的世界級巨星——馬友友。

套句鴻海集團董事長郭台銘的話：「阿里山上的神木之所以高大，早在四千年前種子掉進土裡時就決定了，絕不是四千年以後才知道。」

成功需要時間的醞釀，所以沒有任何一刻時間可以浪費。

隨時搶先一步的人，就能搶先一步獲得成功。

超越專業，就能揚眉

所謂的「專業」，是做自己應該做的事，而不是做喜歡做的事。想成為一個成功的人，就要先表現得比專業者還專業。

一個人能不能順利完成夢想，並不在於先天擁有什麼能力，而在於是否擁有下定決心執行的勇氣。

把自己想做的事情做好，是智慧的表現；把自己不想做的事情也做到最好，是專業的表現。

一位受過良好教育的千金小姐進入日本帝國酒店工作，她原本認爲以她亮眼的學歷表現，公司一定會分配給她一個能夠讓她發揮所長的職位，沒想到上司交給她的第一個工作，卻是要她負責清洗飯店廁所裡的馬桶。

當消息發佈之後，這位千金小姐簡直不敢相信自己的耳朵。不過，她冷靜下來仔細地想了想，也許這只是公司用來鍛鍊新人的方法，只要她咬牙忍一忍，說不定很快就能回到舒適的辦公室裡頭去了！

於是，千金小姐忍著惡臭，委屈自己彎下腰來刷馬桶。

然而，她每天工作的時候，都只想著要怎麼樣才能脫離這份工作，從來不曾用心洗刷過一個馬桶。直到有一天，她看見一名跟她共事的老先生，在刷完馬桶之後，居然拿出一個杯子，從馬桶裡舀了一杯水，然後……喝了下去。

這個千金大小姐在一旁看得目瞪口呆，此時，老先生回過頭來，得意地對她說道：「看到了嗎？我洗過的馬桶，乾淨得連裡面的水都可以拿起來喝。」

聽到這句話，千金小姐感到很慚愧。

她這才明白，雖然「洗馬桶」看起來是一份不起眼的工作，但是畢竟也是一份正當的工作，值得做這份工作的人全心全意地去把它做好。

這位小姐後來進入了日本政壇，成爲日本內閣郵政大臣。她名叫野田聖子，經常稱呼自己是：「最出色的廁所清潔工，最忠於職守的內閣大臣。」

日子難過，越要笑著過

把自己想做的事情做好，或許很容易，但是強迫自己去做自己不喜歡做的事卻很困難。當人不想做某件事的時候，很容易就可以找到一百個、一千個不去做的藉口：因爲我不是那塊料、因爲我志不在此、因爲我沒有興趣、因爲那件事情不值得我去做……

然而，這樣的想法對自己一點好處也沒有。所謂的「專業」，就是當自己最不想做這件事的時候，還能把事情做得很好。

所謂的「專業」，是做自己應該做的事，而不是做喜歡做的事。

要想成爲一個成功的人，就要先表現得比專業者還要專業。連自己不喜歡的事都會盡力把它做到最好的人，成功的機會比其他人來得高。

成功之路要靠自己跨步

遵循別人的腳步，就永遠只能跟在別人的後面，唯有汲取別人的經驗，進而融為自己的風格，才能走出屬於自己的路。

看見別人的成功，我們往往都很希望自己能夠和那個人一樣地成功，但是沒有任何一個人可以和另一個人一樣成功，每個人的成功，都是獨一無二的，模仿不來，也不能複製。

英國政治家迪斯雷利曾說：「如果不知道自己想要什麼，就不會有機會，只有知道自己想要什麼，知道什麼才適合自己，才會看到機會。」

想要獲得成功，必須懂得發揮自己的優勢，而不是複製別人的成功模式。如果你不知道自己想要什麼，不知道自定位在哪裡，那麼即使機會從你面前走過，你也不會知道它就是你可以掌握的機會。

中國大陸復旦附中三年級學生湯玫捷，平時在校成績大約排在全校一百名左右。雖然她的學業成績優異，但平時的表現卻不是特別亮眼。

然而，出乎大家意料之外的，她靠著自身的其他優異特質，成爲被哈佛大學提前錄取，並獲得全額獎學金的中國學生。

消息傳出之後，很多記者爭相採訪她，也有不少出版商爭先邀請她出書分享成功經驗。然而，湯玫捷拒絕了這個成名的大好機會，因爲她認爲成功沒有公式，不能輕易被複製。她說：「我們是野生植物，不是園林植物，每個人獨特的優點就是自信的泉源。」

日子難過，越要笑著過

成功不在於這個人身上存在著什麼優點，而在於他是否充分發揮了自己的優點。

別人的成功經驗或許可以爲我們帶來一些啓示與激勵，但是我們要學習的，並不是「如何把自己變成對方」，也不是「把自己變成第二個比爾．蓋茲」，而是「別人爲什麼可以這麼成功？我和他之間有什麼不同？我可不可以學習他比我優異的地方？我比他好的地方是否已經充分的發揮？」

我們是要做成功者，不是要做模範生。

模範生只會有一種樣子，但是成功者卻可以有很多面貌。模範生只會有一種評分標準，但是成功者卻可以有無數個競賽舞台。

每個成功者的身上，都一定有值得我們學習、效法的地方。我們要學習，但是不要抄襲；要效法，但是不要模仿。

遵循別人的腳步，就永遠只能跟在別人的後面，唯有汲取別人的經驗，效法別人的長處，進而融爲自己的風格，才能走出屬於自己的路。

不盲目遵循別人的成功經驗，努力開創自我的人，比較容易成功。

讓潛藏的「大衛」完美呈現

每個人的內在，都住著一座大衛像。有的人把這座完美的雕像展現出來，而有些人都沒有發掘出自己的內在價值。

每一個人都有能力讓自己過得比現在更好，只要肯用心去發掘自己內在的能量，而不是一味地向外面的世界張望。

在歐洲文藝復興時期，義大利雕刻家米開朗基羅花費許多年的時間，完成了舉世聞名的大理石雕刻，取名爲「大衛」。

一直到現在，存放「大衛像」的佛羅倫斯美術學院仍然是旅客們來到義大利一定要造訪的景點之一。

很多人都爲大衛像的栩栩如生、細膩傳神感到驚嘆不已，他們問米開朗基羅，究竟他在雕刻大衛像時，使用了哪些訣竅？

豈知，米開朗基羅只是輕描淡寫地說：「大衛本來就在這塊大理石之中，我所做的事，只是將不屬於大衛的石塊鑿掉罷了！」

我們每個人的內在，其實都住著一座大衛像。只是有的人把這座完美的雕像展現出來，而有些人終其一生，都沒有發掘出自己的內在價值。

一個人能有多成功，不是看他擁有多少優點，而是要看他有多少缺點。

若是一個人能把自己的缺點通通剔除，那麼他就是一個最了不起的人；相反的，只要他身上還殘留著些許缺點，那麼無論他有多麼大的本事，也終究難以達到完美的境界。

如果想要讓自己更上層樓，不應該只是想辦法增加自己的優點，更重要的，是要改進自己的缺點。把那些不完美的石塊一塊一塊地削除了，自然可以展現出一個更圓融、更精練的自己。

懂得去蕪存菁的人，比較容易成功。

激發潛能，就能超越不可能

大多數人的成功，都是每天比別人多走一點路，每天比別人多思索一個可能性，如此一點一滴成就出來的。

路是人走出來的；辦法是人想出來的。人未開發的潛能，永遠比已經開發出來的還要多。

只要願意激發潛能，就能超越不可能。

這是關於一個超級業務員的故事。

在一間專賣不易碎的餐具的公司裡，有位業務員的業績已經連續稱霸好幾年。

他的上司和同事們都非常好奇他究竟有什麼推銷秘訣，爲什麼從他手中接下的訂單，總是如同滔滔江水般連綿不絕？

在公司營運滿五週年的慶祝會上，這位業務員終於向全公司的同仁透露他業績長紅的秘方。那就是在介紹完公司產品之後，他會當著客戶的面，將產品用力往地上砸，讓客戶親眼見證產品的耐用及不易碎，因而心悅臣服地向他下訂單。

這個秘密揭露了以後，全公司的業務員都效法他的方式，公司的業績一下子大幅提升。然而，在這之後的五年當中，這名業務員的績效依舊位居全公司之冠。這下子，衆人又開始感到疑惑了。既然大家都用同樣的方式推銷產品，爲什麼他的業績總是特別好呢？

他解釋道：「從前我向客戶介紹完產品，會立即親自實驗給客戶看，但是，現在我已經不再自己動手摔碗盤了，而改爲請客戶們親手用力摔摔看。」

成功的人都有一個共同的信念，那就是：好，還要更好。

誠如大家所知，拿破崙將軍是百年難得一見的傳奇英雄，但是他卻說：「英雄只是比別人多勇敢五分鐘而已。」因為這關鍵的五分鐘，他成了最後一個退縮的人，也成了最後一個倒下去的人。

因此，他成了英雄。

成功與失敗，相差當然不只五分鐘，但就是這份比別人多努力一點的精神、比別人多堅持一刻的執著、比別人多想一步的用心，造就了英雄與凡人兩種不同的命運。

很少人可以一步登天，大多數人的成功，都是每天比別人多走一點路，每天比別人多用功一小時，每天比別人多思索一個可能性，如此一點一滴地累積，慢慢地成就出來的。

每天都在想辦法超越昨天的自己的人，比較容易成功。

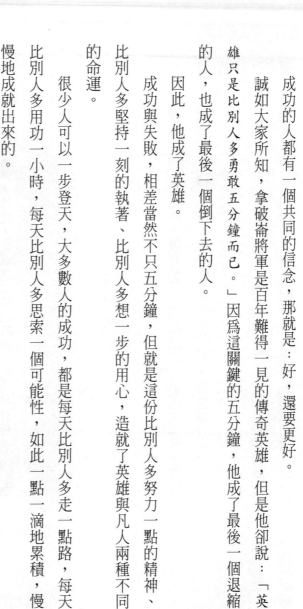

改變心態才能迎接各種挑戰

越是天下太平的時候，我們越應該時常反躬自省。否則，等到時運不濟時，才試著要洗心革面，恐怕已經於事無補。

想要讓自己做得更好，就要先找出自己哪裡做得不好。懂得反省自己的人，就算不能讓自己活得更好，也一定能夠讓自己活得更有意義。

一名年輕人在公園裡打電話，他戴著口罩，彬彬有禮地對話筒另一端的人說：「喂，請問府上有缺司機嗎？我曾經爲許多大人物開過車，對台北的交通狀況瞭若指掌，而且薪資方面的要求也不會太高，如果您願意雇用我，相信我一定不會讓您失望的。」

電話那頭的管家回答：「先生，我不知道你是從哪兒聽來的消息，但是我們並沒有要招募司機。我們現在聘用的這位司機表現已經很好了，我家老爺對他非常滿意，我想你可能搞錯了。」

「喔，對不起，那應該是我弄錯了。」年輕人連聲道歉，然後掛上了電話。

此時，站在他旁邊的人聽到了他的通話，熱心地向他提議道：「年輕人，你是不是想找司機的工作？我有個朋友家裡正缺司機，你願不願意去試試看呢？」

只見年輕人笑著婉拒說：「謝謝您的好意，但是我並不是眞的想要找工作。其實，我剛才打的那通電話，就是打到我現在服務的老闆家裡。我想藉此自我檢查，看看自己的表現是不是眞的合乎老闆的要求。」

在這個競爭的時代中，沒有好捧的飯碗。每個人都有可能會面臨失業的窘境，每個人都有機會成爲死在沙灘上的前浪。

沒有什麼東西可以保障我們的未來，我們每個人所能擁有的最好的保障，就是隨時接受考驗、不斷挑戰自己，並且保持前進的腳步。

唯有反省自己，才能昇華自己。

越是天下太平的時候，我們越應該時常反躬自省。否則，等到時運不濟時，才試著要洗心革面，恐怕已經於事無補。

俄國大文豪托爾斯泰曾說：「大多數的人想改造這個世界，但是卻少有人想改變自己。」

改變自己其實和改造世界一樣，都是一場革命，都需要抱持著「不成功，便成仁」的決心。

時常檢討是不是應該改變自己的人，比較容易成功。

待人眞心，處事用心

我們常說「待人處事」，先待人，後處事。懂得為別人著想，才不會替自己惹來太多不必要的麻煩事！

人生除了看得見的成就之外，更有許多無形的成績單。不管你願不願意，人們總是沒有一刻不以各式各樣的角度在爲你打分數。

某家公司決定從職員裡挑選一名具有才幹的人，升任部門經理。經過主管初步的審核，選出了三名考績優良的候選人。這三個人論年資、能力都差不多，主管實在難以取捨。最後，董事長親自出馬，出了一道題目考考他們三個。

問題是：每個禮拜固定來辦公室打掃的那位歐巴桑叫什麼名字？

董事長出的這道題目說難不難，說簡單也不簡單。公司裡沒有人不曾見過那位負責打掃辦公室的歐巴桑，她的個頭不高，頭髮有些花白，看起來大約五十多歲，一提到她，每個人都可以毫不困難地想起她的容貌，可是，誰會記得她的名字呢？

三名候選人當中，只有一位順利地說出正確答案。

正因爲他連這種小地方都注意到了，正因爲他從不忽略公司裡的每一個夥伴，所以他被擢升爲部門經理。

打掃的歐巴桑叫什麼名字，重要嗎？但是，一間公司若是缺少負責清潔的人員，像話嗎？

由「會去關心打掃歐巴桑叫什麼名字」一事中，就可以看出這個人的人格特質，不僅細心有禮，打從心底關心員工，更會對每個職位的屬下都一視同仁，無分輕重，這樣的處世態度，才是領導者應有的器量。

我們常說「待人處事」，先待人，後處事。懂得為別人著想，才不會替自己惹來太多不必要的麻煩事！

連科技都來自於人性了，做事當然也都應該以人為本。懂得關心身邊每一個人的人，比較容易成功。

擁有實力才能獲利

做事切忌眼高手低，在做每個決定之前，除了問自己「想」得到什麼之外，更應該要問自己「能」怎麼做。

有個老人在河邊釣魚，他的技術似乎很好，才一會兒的工夫，就釣上了滿滿一整簍的魚。

一個小孩看見了，感到羨慕不已，也想擁有這麼多魚，於是便坐在老人身邊，陪他一起釣魚。

老人見這個小孩長得很可愛，看起來又機靈，想要送給他一個禮物，便問小孩：「我可以把我釣上來的魚送給你，也可以把我手中的釣竿送給你，你自己選一個吧！」

如果這是我們的小孩，我們一定會教他要選擇釣竿，不要選現成的魚。理由很簡單：擁有釣竿，他這一輩子都可以有釣不完的魚；但是選擇魚，魚吃完以後就什麼都沒有了。

是的，對孩子而言，這樣的觀念是正確的。因爲當大人在給他釣竿的同時，一定也會教他釣魚的技術。所以，我們總是想當然爾地認爲：擁有釣竿，就一定釣得到魚。

然而，事實眞的是這樣嗎？

如果同樣的事情發生在你自己身上，你會選擇魚，還是釣竿？

其實，這個問題就好比問你是要當負責開創的公司老闆，還是每個月領人薪水的員工一樣。

每個人都想要擁有釣竿，都想要擁有一家不斷創造利潤的公司，但若你缺乏釣魚的技術，缺乏當老闆應有的專業素養，那麼就算擁有再多再好的釣竿，也照樣釣不到魚，就算當了老闆也依然賺不到錢，不是嗎？

釣竿易得，釣技難求。如果不能當一個技術高超的釣魚者，當個知足常樂的吃魚人其實也沒有什麼不好，總比放棄眼前的魚，選擇了釣竿卻又釣不到魚的人要來得好。

日子難過，越要笑著過

那些空有滿腦子的發財夢，卻不知道自己究竟有幾兩重的人就像是這樣。他們以爲選擇釣竿是比較有遠見的做法，所以寧可繼續做夢，也不願意「屈就」於眼前現有的魚，結果到頭來什麼也得不到。

每個人都知道做事切忌眼高手低，但是我們卻常常只看得見事情的表象，沒有看見其背後所蘊含的眞義。因此，在做每個決定之前，除了問自己「想」得到什麼之外，更應該要問自己「能」怎麼做。

了解知道自己究竟有多少能力的人，比較容易成功。

PART 7

相信自己就能夠越過藩籬

失敗的人之所以失敗，並不是因為他們缺乏成功的條件，而是因為他們根本不敢開始。

多一點考慮就多一分成功的機率

所謂的「遠見」，不是什麼偉大的夢想志向，而是在做每一件小事之前，都比別人多想一步。

一味地悶著頭衝鋒陷陣，不一定能立刻獲得最大的成就。有時候，不妨暫緩腳步，耐心等待最佳時機。

聞名世界的卡內基小的時候，有一天跟著母親到市場買菜，經過一處水果攤時，卡內基停下了腳步，眼睛直盯著面前的一籃櫻桃看。

水果攤老闆看見卡內基渴望的眼神，親切地對他說：「小弟弟，抓一把去吃，算我請你的，不用付錢。」

卡內基猶豫了一會兒，遲遲沒有伸出手去拿櫻桃。

老闆覺得很奇怪，問道：「小弟弟，難道你不喜歡吃櫻桃嗎？」

「不，我很喜歡吃櫻桃。」卡內基老實地回答。

「那就抓一把去吧，別客氣！」老闆說。

卡內基的母親在一旁也忍不住說：「是啊，老闆對你這麼好，你就抓一把櫻桃，然後向老闆道謝吧。」

但是，卡內基仍然怯生生地站在那裡，沒有伸出手去。

老闆急了，自行動手抓了一把櫻桃塞進卡內基的口袋裡，熱情地說：「拿去吧！小弟弟。」

卡內基咧嘴而笑，非常高興地跟著母親走了。

回到家裡，母親疑惑地問卡內基：「剛才老闆對你那麼好，說要請你吃櫻桃，而你也明明很喜歡吃櫻桃，爲什麼不自己伸手去拿呢？」

卡內基睜著一雙骨碌碌的大眼睛回答說：「因爲老闆的手比較大啊！」

日子難過，越要笑著過

從卡內基身上可以看到，成功人士最應該具備的特質，就是「有遠見」。

史丹佛大學曾經做過一個實驗，研究爲什麼資質差不多的小孩，有的人長大後可以闖出一片天，有的人卻終其一生一事無成。他們把小孩子單獨留在房間裡，給他們一塊棉花糖，讓他們選擇是要馬上吃掉這塊棉花糖，還是願意等十五分鐘以後再吃。願意等的人，到時候可以多得到一塊棉花糖。

研究結果發現，願意多等十五分鐘以換取兩塊棉花糖的孩子，長大以後也得到了較大的成就。因爲，這些孩子不但擁有拒絕誘惑的本領，同時也比其他人看得更遠。

所謂的「遠見」，不是什麼偉大的夢想志向，而是在做每一件小事之前，都比別人多想一步；在過每一天的同時，也記得先爲明天著想。

不隨便屈服於眼前利益的人，比較容易成功。

用自信克服環境

如果你認為自己是塊璞玉而不是石頭，就請儘量發揮出來，不要讓自己有任何退縮的藉口。

成功與失敗的分水嶺其實只有五個字，那就是：「我沒有時間。」抑或：「我沒有機會。」

但事實上，每個人擁有的時間都一樣多，差別只在於你選擇如何運用這些時間。每個人的機運縱使不盡相同，但埋怨自己沒有機會之前應該要問問自己：「我是否盡力去爭取過？」

誠如大家所知，菲律賓是個貧窮的國家。但是縱使在最貧窮的環境裡，我們仍然可以看見許多爲生活而努力奮鬥的人民。

在參觀菲律賓的著名景點時，到處都會看到行乞的小孩，這些小孩一見到觀光客出現，便簇擁而上，靠著觀光客施捨的零錢維生。

在這些圍著觀光客的小孩當中，只有一名小孩不是空手而來。那個小孩看起來和其他孩子差不多大，拿著自己親手製作的風箏，勤奮地向觀光客兜售。

一名觀光客見了，好奇地問他：「這些風箏全都是你做的嗎？」

「是的。」小孩點了點頭。

「你每天花多少時間做這些風箏呢？」

「我把早上和晚上的時間都拿來做風箏，所以只有下午的時候才可以出來做生意。」

「可是你的風箏賣得這麼便宜，一天做生意的時間又只有短短幾個鐘頭，你的收入應該沒有比那些從早到晚都在向人乞討的孩子好吧？」

「是的，如果我把全部的時間都拿來乞討，得到的錢應該和賣風箏的收入差不多。」

觀光客更好奇了：「那你爲什麼不跟其他小孩一樣向人乞討就好？」

只見那孩子自信滿滿地說：「先生，雖然我很貧窮，但是我從來沒有懷疑過自己的才華。」

連一個三餐不繼的孩子，都懂得努力把握每一個發揮才華的機會，更何況生活在富裕社會的我們，怎能任憑自己的才華就這麼被庸碌的生活埋沒？

歌德曾經說過：「人生的價值以及快樂，都在於這個人是否有能力看重自己的存在。」

如果你認爲自己是塊璞玉而不是石頭，如果你認爲自己眞實的本領遠超過別人所看見的，請儘量發揮出來，不要讓自己有任何退縮的藉口。

成功不只是一個念頭，更是無數行動所累積出來的。成功不是水到渠成、時候到了就會自動出現在眼前的奇蹟，而是無論環境有多麼艱難，也懂得自己去引水，自己去鑿渠……

最重要的是，必須現在就開始動手！

無論處在多麼艱苦的環境下，也努力讓自己散發光彩的人，比較容易成功。

苦等貴人出現不如自己製造機會

如果你總是倚賴別人而不努力提升自己，那麼就算貴人出現在你身邊，恐怕也也只會和他擦身而過。

你希望得到別人的讚賞嗎？

你期盼得到別人的幫助嗎？

你總是感嘆自己遇不到貴人嗎？

事實上，與其期望別人成爲自己的貴人，不如努力讓自己成爲自己的貴人。

因爲，別人願不願意提拔你，不是你能左右的，但是你卻有權利決定你要不要栽培你自己。

著名的文人蘇東坡有天和佛印禪師來到一座寺院裡。蘇東坡看見廟裡供奉的觀世音菩薩，手裡握著一串唸珠，臉上的表情非常虔誠，好像唸唸有詞的樣子。

他靈光一閃，問佛印禪師說：「世人皆信奉觀世音菩薩，所以我們的口裡心裡都時常在默唸『觀世音菩薩』。可是我們眼前這座觀世音菩薩，好像也在唸佛啊，唸的又是哪一尊佛呢？」

佛印禪師笑著回答說：「其實祂也和我們一樣，誠心地唸著『觀世音菩薩』的名號啊！」

「這就奇怪了！」蘇東坡皺著眉頭疑惑地問：「自己唸自己的名號，有什麼用處嗎？」

「當然有用啊！」佛印禪師哈哈大笑對蘇東坡說：「這就是所謂求人不如求己的道理啊！」

在這個鼓吹「人脈就是金脈」的時代裡，許多人都夢想有朝一日能夠遇到貴人，扭轉一生的命運。

然而，眞正的貴人，其實不是尋尋覓覓苦苦等待其他人，而是我們必須先成爲自己的貴人。

即使是命中註定的貴人，也是會挑人施予幫助的。貴人會選擇一個値得幫助的人，而非需要幫助的人。

如果你總是一味等待時機而不知勵精圖治，如果你總是倚賴別人而不努力提升自己，那麼就算貴人出現在你身邊，恐怕也也只會和他擦身而過。

若是你從來不曾幫助過別人，又怎麼能指望別人來幫你？

貴人不會無緣無故出現在身旁，除非你自己先力爭上游，讓所有人都看得見你的努力。

即使身陷泥沼，也努力拉自己一把的人，比較容易成功。

誠懇踏實是最重要的特質

誠實的最大好處，就是你可以確信別人欣賞的對象是你，而不是你所偽裝出來的假象。

成功無捷徑，但是有方法。

俗話說：「人善被人欺」，老實的人在現代社會的確很難出人頭地。但是，只要你讓人相信你是個老實人，就很容易出頭天。

話說在東京一條古街上，住著三位專門替人做和服的裁縫師。

其中一名裁縫為了要和其他兩位搶生意，首先在自家門口掛上招牌，寫著：

「東京第一裁縫」。

隔壁的裁縫看了不甘示弱，也趕緊在自家門口掛上擦得發亮的黃金招牌，上頭寫道：「日本第一裁縫。」

現在，只剩下第三位裁縫準備要出招了。眼看同行的招牌一個比一個大，恐怕他也非得在門口立個招牌不可。只是，附近那兩位裁縫一個標榜是「東京第一裁縫」，一個號稱是「日本第一裁縫」，那他非得是「世界第一裁縫」不可，否則要怎麼把他們兩個比下去呢？

這位裁縫師想破了腦袋，也想不出其他更好的宣傳手法。最後，他決定實話實說，在門口立了塊招牌，寫著：「本街第一裁縫」。

結果，他的生意果真是那條古街最好的一位。

譁眾取寵只能贏來一時的眼光，唯有誠懇實在才能走長遠的路。

台積電董事長張忠謀曾提出他心目中的「人才」應該具備的十個條件，其中第一點便是「誠信」。

廣達光電董事長李焜耀也經常說：「我們要的是聰明的老實人。」腳踏實地的做人，雖然難以一步登天，但唯有如此，才能建立眾所周知、牢不可破的口碑。

做人誠懇踏實，就算無法大富大貴，至少也活得心安理得；就算沒有冠冕堂皇的外表包裝，至少還可以坦蕩蕩地流露出眞我本色。

誠實的最大好處，就是你可以確信別人欣賞的對象是你，而不是你所僞裝出來的假象。

它或許不是一條最快捷的小徑，卻是一條最安全的大道。

除非你有高超的演技，否則還是老實點做人比較好。不誠實的人或許可以讓自己看起來比別人強，但是那種假象維持不了多久。

眞誠實在的人，比較容易成功。

忠於抉擇就能享受人生的快樂

真正成功的人生，不在於你選擇用什麼樣的方式過日子，而在於你是否忠於自己的選擇，不輕言後悔。

想要成功，需要的不是十八般武藝樣樣精通，而是要在十八般武藝之中選擇一項用心鑽研。

一位著名的企業家某天陪同他父親到一家高級餐廳用餐。席間，有一位琴藝高明的小提琴手正在場中央爲大家演奏動聽的樂曲。

企業家閉上眼睛細細聆聽，聽得如癡如醉，想起自己小時候也學過小提琴，而且每天苦練好幾個鐘頭，至今仍難忘小提琴帶給他的快樂。要不是當年爲了專心準備升學考試，說不定他會一直學琴到現在也說不定。

想到這裡，他嘆了一口氣，感慨地對父親說：「要是我從前沒有放棄學小提琴的話，也許我現在也能在這兒爲衆人演奏了。」

「是啊，孩子。」他的父親回答：「可是，那樣的話，你現在就不會來到這兒用餐了。」

日子難過，越要笑著過

很多人都希望自己多才多藝，很多人心中都有一個未竟的夢想。

然而，對大部分「有成就」的人來說，成功並不是如我們所想的，能夠永遠朝著自己的夢想走，做自己最想做的事，而是朝著自己的才能發展，做自己能夠做得最好的事。

是的，大多數人都有一個共同的遺憾，就是我們做得最好的事，並不一定就是我們最喜歡做的事。比如說，一個喜歡表演的人未必擅長於表演，一個想要成爲畫家的人未必具備足夠的藝術細胞。

所以，問題來了，你希望自己快樂平凡地從事自己眞正想做的事，還是希望自己出類拔萃地一展長才？

這兩種人生都可以很成功，差別只在於，前者可以讓你每一天都活得充實快樂，後者則可以帶給你讓世人羨慕的財富與成就，財富與成就同樣可以爲你帶來某種程度的快樂。

或許應該這麼說，眞正成功的人生，不在於你選擇用什麼樣的方式過日子，而在於你是否忠於自己的選擇、相信自己的決定，不管遇到了什麼樣的挫折，都不輕言後悔。

無論你選擇過哪一種人生，都要記住：既然已經做出選擇，就別再去想那些已經放棄了的東西。

不三心兩意的人，比較容易成功。

專注，就能邁上成功之路

人人都可以射中老虎，只要願意為了林中的老虎而放棄整座森林。堅持一次只做一件事，自然就能做好那件事。

成功或許有很多原因交互作用而成，但是不成功卻往往只會有一個原因，那就是：你其實並不是眞的那麼渴望成功。

一名射獵高手帶著三名徒弟上山去打老虎。到達目的地之後，師傅問大弟子：

「你看見了什麼？」

大弟子回答：「我看到了弓箭、老虎，以及一片森林。」

師傅嘆息地搖了搖頭，繼續問二弟子：「你看見了什麼？」

二弟子據實回答說：「我不只看到了弓箭、老虎、森林，還看見師傅、師兄、師弟。」

這一回，師傅嘆了更大一口氣。

他接著問三弟子：「那你呢？你看見了什麼？」

三弟子一個字一個字地回答：「我只看到老虎。」

師傅很欣慰地點了點頭，說：「對了，就是這樣！」

當一個人真心渴望達到某個目標的時候，眼中所看見的就只有自己的目標，其餘的花花草草、荊棘阻礙，應該全都不放在眼裡才是。

如果眼中只看得見老虎，手中的箭自然能朝著老虎射去，並一舉成擒。這個故事告訴我們：只要目標專一、心無旁騖，哪有不成功的道理？

成功不需要擁有偉大的能力，卻必須具備偉大的態度。想要命中目標，需要的不只是高超的拉弓技巧，而是那份專注虔誠的心境。

人人都可以射中老虎，只要願意爲了林中的老虎而放棄整座森林。

堅持一次只做一件事，自然就能做好那件事。

一心一意渴望成功的人，比較容易成功。

相信自己就能夠越過藩籬

失敗的人之所以失敗，並不是因為他們缺乏成功的條件，而是因為他們根本不敢開始。

人生最大的敵人是自己，但是最好的夥伴，也是自己。只要相信自己，就能發揮強大的力量，越過層層阻礙。

有一群人在沙漠中迷了路，正當他們感到手足無措之時，忽然看見遠方有一處綠洲。

這群人於是忍著饑渴，咬緊牙關奮力來到了綠洲。在這裡，他們驚訝地發現四周種滿了各式各樣的果實蔬菜，而且園子裡還養了雞鴨牛羊，這哪是沙漠中的綠洲啊？簡直和天堂沒有兩樣呢！

這群人迫不及待地從樹上摘下果實來吃，塡飽肚子以後，其中一個人感慨地說：「我們該不會是在做夢吧？或許我們根本已經死了，所以來到了天堂自己都還不知道呢！」

另外一個人接著說：「是啊，這如果不是夢，就一定是個奇蹟了。一定是老天爺可憐我們，所以才出手相救。」

此時，一位農夫從旁邊走過，衆人看了，紛紛舉起雙手來向農夫問好，並好奇地問道：「老伯伯，這些植物都是你種出來的嗎？還有，旁邊的那些動物也是你負責飼養的嗎？」

老農夫點點頭，驕傲地說：「是啊，這些可都是我多年來的心血呢！」

「哇，您眞了不起，居然在一大片沙漠中耕耘出這麼一塊豐美的綠洲，請問您是怎麼辦到的呢？」同行的一位農業研究員請教老農夫說。

老農夫笑了笑，回答道：「這有什麼難的？因爲我從來都不覺得這裡是一片沙漠呢！」

由這個故事當中，我們可以知道，人只要過得了自己這一關，就能順利度過所有的難關。

美國大學曾經做過一項調查，發現在那些認定自己「失敗」的人中，只有三成左右的人眞正遭遇到了問題，其餘七成的人連試都不曾試過，就認定自己絕對做不到，覺得自己的人生很失敗。

換句話說，絕大多數的人，都是在別人拒絕他之前，就已經先拒絕了自己，在眞正遇到問題之前，就已經先替自己設定了藩籬。

那些失敗的人之所以失敗，並不是因爲他們缺乏成功的條件，而是因爲他們根本不敢開始。

成功的人並非無所不能，只是他們會等到眞的做過以後才說自己做不到。

就拿學習英文這件幾乎人人都曾碰過的事來說，有的人不相信自己絕對學不好英文，因此願意下功夫去練習，不輕易說放棄。即使在學習的過程中受到遇到挫折，都仍然相信自己總有一天會把英文說得和外國人一樣流利。

但是，有些人卻打從一開始就認定自己沒有語言天分，再加上幾次舌頭打結、語無倫次的經驗以後，他們從此在這件事上宣告放棄。儘管，從來沒有人要他們放棄。

還是那句老話，一個人最大的敵人，始終都是自己。但若是願意相信自己，支持自己，你就會是你自己最好的夥伴。

從不懷疑自己的人，比較容易成功。

冷靜思考，壞消息也值得推敲

為壞消息煩惱，情況並不會因此而好轉；唯有先找出事情的源頭，才有可能扭轉局勢。

聰明的人知道很多事，有智慧的人只需要看懂一件事。

成功不是智者的專利，但是有智慧的人，成功的機率的確比較容易大。

從前，有個富翁染上了重病，眼看著命在旦夕，可是唯一的兒子又遠在異地，恐怕來不及趕回來見他最後一面。

富翁知道自己死期將近，非常擔心自己死後，僕人會爲了侵佔他的遺產做出不利於兒子的舉動，於是特地立了一份不合乎常理的遺囑：「我的兒子僅可從我的遺產中先選擇一樣，其餘的財產皆送給我的僕人。」

他的僕人看到這份遺囑，非常高興。待富翁死後，僕人便急忙把少爺找回來，要與他一起商量老爺的後事。

奇怪的是，富翁的兒子見了這份奇異的遺囑，並沒有發怒。他低頭沉思了一會兒，好不容易明白了父親的意思，然後，對僕人說：「我已經決定好了。我選擇的那樣東西——就是你。」

就這樣，這個睿智的兒子順利繼承了父親全部的財產。

日子難過，越要笑著過

如果你是故事中那名富翁的兒子，發現爸爸竟然想把大部分遺產留給僕人，你會怎麼做？

這樣的情況或許很難遇到，但轉換成另外一個場景：如果你是上司的得力助手，卻發現升官名單裡竟然沒有你時，你會怎麼辦？

世事難預料，不是每一件事都會順著我們預期的方向發展。一個人能否正確地掌握情況，決定了他是否能夠成功；一個人如何去面對他所不能掌握的情勢，決定了他可以多麼成功。

當事情的發展和你預期的不一樣時，你通常會有什麼樣的反應？

有的人直覺地想：「豈有此理！」

有的人主觀地想：「有沒有搞錯！」

有的人悲憤地想：「怎麼可以這樣！」

有的人認命地想：「可能一切都是天意。」

但是，成功的人卻不會這麼想，只會冷靜地、專注地、認眞地想：「為什麼會這樣？」

爲壞消息煩惱，情況並不會因此而好轉；唯有先找出事情的源頭，才有可能扭轉局勢。

如果富翁的兒子收到那個令人匪夷所思的壞消息時，只是一味地懷疑、抗議、不平衡，可能一輩子都無法想通父親的苦心。

正因爲他能夠冷靜地接受事實，用心去思索事情的源頭，所以才能參透父親的用意，也因此而柳暗花明又一村，不是嗎？

看一件事的同時，也能在第一時間聯想到這件事的前因後果的人，確實比較容易成功。

PART 8

願意苦練，沒有什麼學不會

唯有不斷練習，才能創造完美。如果你一直學不會某樣東西，那可能只是因為你沒有下定決心要「練到會為止」。

有誠意就能打動人心

常言道：「精誠所至，金石為開。」要打動一個陌生人的方法無他，唯有誠意而已。

行動可以建立信心；熱忱可以營造機會；持續可以創造奇蹟。

當你感到挫折的時候，不妨問問自己：「我做了多少？還有沒有可能做得更好？」如果你認爲自己已經盡了最大努力，卻仍然無法將事情順利完成，那麼請看看下面這一則故事。

有個業務員前去拜訪一家大公司的董事長，請秘書把名片交給董事長，沒想到董事長絲毫不感興趣，吩咐秘書把名片退回去。

業務員雖然感到很挫折，但依然拜託秘書說：「董事長不肯接見我沒有關係，我以後再來拜訪，但是還是請你把我的名片交給董事長。」

秘書禁不住對方的苦苦哀求，只好冒著被炒魷魚的危險再次把業務員的名片呈上去。董事長看了，覺得這個人敬酒不吃吃罰酒，簡直是個無賴！一氣之下，乾脆把對方的名片撕成兩半，並從口袋裡掏出十塊錢，交代秘書把破損的名片連同十塊錢銅板一起交還給業務員，當作是用十塊錢買他的一張名片，同時也暗示他，他的名片和他這個人對董事長而言，只值十塊錢而已！

秘書照著董事長的吩咐做了。豈知，業務員收下十塊錢銅板之後，不但沒有露出被侮辱的表情，反而很高興地說：「麻煩你替我謝謝董事長，並且跟他說，我的名片一張其實只值五塊錢而已，所以他的十塊錢可以買我的兩張名片，我還欠他一張。」說完，隨即再掏出一張新的名片交給秘書。

這一回，董事長收到名片，儘管再怎麼不願意，也不得不打從心底佩服這名業務員的決心與毅力了。

這個業務員的成功之道不在於死皮賴臉，而在於他用盡各種方式展現出自己最大的誠意。常言道：「精誠所至，金石為開。」要打動一個陌生人的方法無他，唯有誠意而已。

如果客戶總是拒你於千里之外，那麼或許是你展現出的誠意還不夠；如果你總是沒辦法達到自己訂下的目標，可能是因為你對自己還不夠誠實。

一個業務員其實不需要具備多好的口才，只要拿得出具體的誠意，對方一定可以感受得到。縱使對方是冷血動物，沒有辦法感受到你對他的誠意，至少也會感受到你對這份工作的熱忱，進而對你另眼相看。

越是感到挫折的時候，越應該要告訴自己：天底下沒有解決不了的難題，只有不去解決的問題。

對每個人、每件事都展現出高度誠意的人，比較容易成功。

多點思考少點思路的死角

碰到看似無法解決的難題時，我們應該問自己：真的已經盡力了嗎？真的不能再想點別的辦法嗎？

成功的人通常都有一個共同點，就是從來不認爲自己已經臻於完美。縱使他們已經做得比別人好，仍然會擔心下一秒鐘有人做得比自己還要好。

不成功的人往往也有一個共同點，就是他們總是以爲自己已經做到最好。儘管他們連汗都還沒有流，卻總以爲已經盡了最大的努力。

有個貨車司機送貨到精神病院，正當他把貨卸下之後，準備要發動車子離去時，忽然發現有一個車輪爆胎了。

貨車司機於是下車將那個破損的輪胎卸下，準備拿出備胎來替換，卻一個不小心，讓固定輪胎的四顆螺絲釘都掉進水溝裡了。貨車司機只能杵在一旁哭笑不得，不知道該拿這輛貨車怎麼辦才好。

就在這個時候，一名穿著病人制服的精神病患碰巧經過，好奇地問司機究竟發生了什麼事。

司機鬱結的心情正愁找不到人抒發，一聽見精神病患的好心慰問，便把事情的經過一五一十的說給他聽。

精神病患聽了，想也不想，便回答說：「你連這麼簡單的問題也解決不了，難怪你只是個開貨車的！告訴你吧，只要把其他三個車輪的螺絲釘各拆一個下來，裝在第四個輪胎上，不就有救了嗎？」

「是啊，這麼簡單的方法，我怎麼沒想到呢？」貨車司機恍然大悟，拍著自己的腦袋說。

只是，他轉念一想，忽然又產生了一個疑問：「眞奇怪，你這麼聰明，怎麼會住在精神病院裡呢？」

只見那名精神病患回答：「哎，說你笨，你還眞不是普通的笨耶！連傻瓜都知道，我之所以住在精神病院是因爲我有精神病，不是因爲我笨！」

碰到看似無法解決的難題時，我們應該問自己：眞的已經盡力了嗎？眞的不能再想點別的辦法嗎？

如果我們還沒盡全力就先放棄，那麼我們和故事中那名連精神病患都不如的貨車司機有什麼差別？

然而，當我們碰到不費吹灰之力就可以解決的問題之時，也應該適時提醒自己：這麼快想出答案，並不代表自己的能力比別人強，有可能只是比別人多了點好運而已。

否則，我們和前面那個自以爲是的精神病患又有什麼兩樣？

差別只在於，那個精神病患之所以看不起別人，是因爲他有精神病；而你之所以看不起別人，是因爲你笨！

記住，無論遭遇到的問題是大是小，是棘手還是簡單，不輕易低估自己，也不隨便看不起別人的人，比較容易成功。

拒絕自己就沒有機會

別人拒絕你，那是別人不給你機會；但若你連讓別人拒絕你的機會都不給，那是你自己斷絕了自己的機會。

席維斯．史特龍是今日家喻戶曉的大明星，但是，你知道他曾經是個連一套西裝都買不起的窮小子嗎？

據說，當年席維斯．史特龍剛到好萊塢發展的時候，非常窮困潦倒，只能投宿在一家廉價的汽車旅館裡。一天晚上，他在電視上看到現場直播的拳擊賽，由沒沒無名的新人查克．威普勒迎戰拳王穆罕默德．阿里。

初出茅廬的查克哪裡是拳王阿里的對手，只見他被打得鼻青臉腫、東倒西歪，卻硬是咬緊牙關，苦撐了十五個回合。

查克的奮戰精神令席維斯．史特龍感到一股前所未有的震撼，於是把查克當作靈感來源，花了三天時間寫出《洛基》這部電影劇本——一個年輕人在拳擊場上實現夢想的故事。

當時的好萊塢共有大約五百家電影公司，席維斯．史特龍捧著剛出爐的電影劇本，一家一家上門毛遂自薦，結果遭到了五百次拒絕。但是，他仍然不死心，再度從第一家公司拜訪起，想不到結果仍然一樣。

就像電影裡的靈魂人物洛基一般，席維斯．史特龍拿出了堅持到最後一分鐘的拗勁，再次一家一家地造訪，可是依然沒有人願意收下他的劇本。

一直到了第四輪，拜訪到第三百五十家電影公司之時，電影公司才總算答應他留下劇本。

出乎眾人意料之外的是，這部電影雖然只用了極低的成本拍攝，卻一舉拿下了奧斯卡最佳影片以及最佳導演獎，票房突破兩億多美元。

席維斯．史特龍用一千八百多次的拒絕，換來了一次的成功，也順利攀上了電影事業的巔峰。

很多人都認爲，只要機會來了，自己一定可以一飛沖天。

抱持這種念頭的人，多半都忽略了一個事實，那就是——永遠都在等待機會的人，永遠等不到機會。

試問有多少人可以什麼都不做，一旦時來運轉就可以衝上雲霄？我們不能否認世界上有奇蹟存在，但是奇蹟發生的機率畢竟微乎其微。

那些成功飛上枝頭的鳳凰，在「時來運轉」之前，哪個不是在陸地上走到腳酸？爬樹幹爬到腿疼？

機會是要靠自己爭取的。如果你不知道該怎麼替自己爭取機會，或許可以參考一下席維斯．史特龍「土法煉鋼」的方式。

別人拒絕你，那是別人不給你機會，但若你連讓別人拒絕你的機會都不給，那是你自己斷絕了自己的機會。失敗並不可怕，可怕的是連嘗試都不肯。不怕受到拒絕的人，比較容易成功。

心念一轉，讓小事不再平凡

沒有不起眼的工作，有的只是不起眼的工作態度。是行事的態度決定成功的可能性，而不是等到成功之後才來改變態度。

如果你經常認爲自己從事的工作很無聊，如果你覺得自己在公司裡扮演的角色一點兒也不重要，如果你認爲自己應該要有更好的發展，那麼下面這一則小故事或許能帶給你一點啓示。

有個年輕人進入一家石油公司工作，每天的任務，就是檢查石油罐的蓋子有沒有焊接好。

一年三百六十五天裡，年輕人天天對著那些不會講話的石油罐，天天做著一成不變的工作，簡直煩膩得快要無聊死了。

他幾次請求上司調他去做別的工作，可是上司總是回答他：「要是你到了別的部門工作，那麼誰來檢查那些石油罐呢？」

於是，年輕人只好認命地回到那些石油罐前，繼續進行那些無聊的機械性工作。他心裡想：反正這個工作總是要做下去的，與其埋怨，不如自己從中找點樂趣吧！

有了這種想法之後，年輕人開始仔細觀察機器焊接石油罐的動作，發現每焊接好一個石油罐，需要三十九滴焊接劑。爲什麼需要焊接三十九滴焊接劑呢？難道少一滴不行嗎？

年輕人以土法煉鋼的方式，自己動手試著用少一點的焊接劑來焊接石油罐。結果他發現，焊接好一個石油罐，其實只需要三十八滴焊接劑就行了。

只是，問題來了。現有的自動焊接機一律是用三十九滴焊接劑來焊接石油罐，如果要改用三十八滴焊接劑，勢必需要新的機器才行。

因此，年輕人再接再厲，把機器加以改良，研製出適合三十八滴焊接劑的新型焊接機。

結果，他就憑著每個石油罐省下來的那一滴焊接劑，一年之內替公司節省了五萬美元的開銷。

他的名字叫做洛克菲勒，後來成爲富甲一方的石油大王。他曾經說過：「我是從一滴焊接劑做起的，對我來說，點滴就是大海。」

世界上沒有不起眼的工作，有的只是不起眼的工作態度。看看檯面上那些人們耳熟能詳的成功人士，有誰不是從一些不重要的工作幹起？

號稱台灣「經營之神」的王永慶，昔日只是一介米店小工，但是他從來不認爲自己做的是不重要的工作。相反的，他珍惜每個工作機會，並且從工作中努力學習，用心計算每家人每天吃多少米，等到客戶米快吃完了，他就主動送米到客戶家裡。

他從來不認為自己只是一名打工的夥計，所以他成了經營之神。

如果你總是認為你的工作很無聊，那或許是因為你只把自己當成一台按月領薪水的機器。

是行事的態度決定成功的可能性，而不是等到成功之後才改變態度。

把最無聊的工作做得最出色的人，比較容易成功。

讓意志力成爲原動力

意志力不夠堅定的人，很可能嘗試了一次就宣告放棄。唯有一心一意想要達成目標的人，才能不屈不撓地堅持到最後。

積極的人，未必會成功，但是想成功的人，非得要積極不可。如果你想進入某一間學校、得到某一份工作，或是爬上某一個位置，那就不斷地朝那個方向去努力吧！

有位電腦資深經理分享自己求學經驗時說，她十八歲那年移民到美國，六個月後，爲了申請大學，參加了ＳＡＴ考試。

當時她憑著優異的數學根基，數學考出了近滿分的成績，但是她的英文口語能力雖然還算優異，辭彙與文法卻非常糟糕，所以筆試中得了一個很差的成績，恐怕連當地的小學生都考得比她還好。

然而，她卻依然秉持自己的理想，申請了自己最想進入的加州大學電機工程系，結果並不令人意外，她並沒有奇蹟似地被錄取。

但是，她沒有因此感到氣餒，反而更積極地寫了一封信，直接寄給加州大學校長。在信的開頭，她先簡單的自我介紹，說明自己的英文之所以考得那麼差，是因爲她才剛到美國六個月的緣故。接著，她以不卑不亢的筆調敘述了自己在理工方面的專長，並在信末提到：「如果您願意錄取我，我敢保證，我一定會成爲貴校的驕傲。」

兩天後，校長約見了她。在短暫的會面時間裡，校長發現她的英語能力遠超出考試的成績。她答應校長會努力練習英文，讓自己的英文像其他土生土長的美國學生一樣好。於是，她就這樣順利地進入了她最想唸的學校，並在畢業後成爲了她最想成爲的工程師。

通往成功的道路，未必是一片坦途。人們難免會碰到一些荊棘障礙、擋路石頭。類似這樣的不順利，考驗的不是人的能力，而是人的意志力。

意志力不夠堅定的人，很可能嘗試了一次兩次就宣告放棄。唯有一心一意想要達成目標的人，才能不屈不撓地堅持到最後一刻。

不要小看意志力的力量，意志力可以幫助你成就任何事。

沒有被錄取，你可以想辦法爭取。第一次爭取不到，你可以明年再來、後年再來，一次又一次地重來。

只要意志力夠堅定，誰也不能阻止你前進！

很多時候，我們以爲自己失敗了，其實，那是因爲我們自己先放棄了。

千萬要記住，成功不會自己從天上掉下來。幾乎每一個人的成功，都是自己「掙」來的！勇於厚著臉皮爲自己爭取的人，比較容易成功。

內行是最佳的成功導航

每個人成功的時間表都不一樣，不要感嘆自己沒有趕上時代的浪潮，只要堅守自己的崗位，成功終有一天會輪到你！

成功有各式各樣不同的形式，與其羨慕別人的成功，不如學著欣賞自己，找出自己的成功密碼。

有個擅長畫動物的畫家來到鄉下時，無意中看見一頭精壯有力的牛。他看見這頭牛毛髮發亮，雙眼炯炯有神，是頭罕見的好牛。

畫家於是徵得牛主人的同意，把這頭牛畫成一幅油畫，後來在藝廊展示並以五百美元賣出。

一年後，這名畫家再度來到鄉下，遇到了牛的主人，他把這個好消息與牛主人分享，告訴他說那幅畫賣得了五百美元。

牛主人聽了，大吃一驚，嘖嘖稱奇地說：「這世界眞是太不公平了！我兩條眞的牛也賣不了你那一條假牛的價錢！」

牛主人的這番話，或許道出了大部分人的心聲。平凡如你我，在面對別人的成功時，我們總不免自怨自艾，感嘆自己「命」不如人。

房地產景氣的時候，我們經常聽見人們說：「早知道就去當房屋仲介商了！」科技股當紅的時候，我們也時常聽見人們感嘆：「眞是入錯行啊！」

我們都只看見別人的成功，卻沒有看見別人背後付出的努力。

每個人都希望自己可以像別人一樣成功，但是換個角度想，如果要牛主人像畫家一樣，用各式各樣的顏料七手八腳地在畫布上做畫，你想牛主人做得來嗎？變成畫家的牛主人必須整天關在屋子裡畫畫，你認爲他快樂嗎？

如果他不快樂，就算他的畫賣了再多的錢，對他來說又有什麼意義呢？

因此，我們知道，成功不能光靠金錢來衡量。

對一個牛主人而言，最大的成功不是賣牛賺了多少錢，而是他是否把牛隻照顧得當？是否在這個領域上表現得稱職？

只要牛主人盡心盡力地扮演好自己的角色，說不定哪天風水輪流轉，牛隻的價格大漲，牧牛成了一門最賺錢的行業也不一定，不是嗎？

就算牛主人沒有因爲牧牛而發財，他在這份工作中也獲得了很多樂趣和滿足感，不也是另外一種成功嗎？

每個人成功的時間表都不一樣，每個行業的際遇也大不相同。不要感嘆自己沒有趕上時代的浪潮，只要堅守自己的崗位，行行都可以出狀元，成功終有一天會輪到你！

不怕入錯行只怕不內行的人，比較容易成功。

堅持，是最好的備戰方式

堅持下去，結果會是「零」到「無限大」；現在放棄了，結果就只會是「零」。唯有自己的堅持，才能得到別人的支持。

有個父親一心想要把他的兒子栽培成一名頂天立地的男子漢。

偏偏他的兒子生來體弱多病，可說是手無縛雞之力，個頭又比同年紀的男孩還要矮小，遠遠看起來，簡直跟個女孩兒沒有兩樣！

父親爲了要訓練兒子的男子氣概，特地送他去向一名老師傅學習打拳。

據說，這名老師傅年輕的時候是職業拳王，從他門下出來的弟子，沒有一個不成材的。

在兒子拜師學藝之後的半年，老師傅舉辦了一次成果展，讓門下的弟子互相競賽，展現學習的成果。那名父親一接到邀請函，立刻懷著期待的心情，興沖沖地前來為兒子加油打氣。

和他兒子對打的選手，看起來年齡和他兒子差不多，但是對方的身材精壯結實，肩膀足足比他的兒子寬了一倍。

比賽的鈴聲才剛響起，他的兒子立刻被人打倒在地。

待他從地上爬起來，還沒來得起出手，又再次被人一拳打倒。

就這樣，整場比賽下來，他的兒子爬起來又馬上被打倒，打倒了又掙扎著爬起來，同樣的動作不知道重複了多少遍。

父親看著兒子一點兒也不出色的表現，感到既失望又羞愧，恨不得能夠挖個地洞鑽進去，或是親自上場代替兒子出賽。

好不容易捱到了比賽結束，父親領著戰敗的兒子，垂頭喪氣地來到老師傅面前，愧疚地說：「感謝師傅的教導，都怪我兒子沒用，您都已經這麼費心地教他了，他居然還表現得這麼差勁！」

「怎麼會差勁呢？他可是今天全場表現得最好的一個呢！」老師傅拍拍孩子的肩膀，讚許地說：「雖然他不停地被打倒，可是每次倒下之後，他都還是很勇敢地站起來繼續迎戰，這可是比拿到第一名還要了不起啊！」

這個孩子最了不起的地方，不只是他具備了失敗之後再次站起來的勇氣，而是他明知道站起來之後，一定會再次被對手擊倒，卻還是用盡一切力量想要再站起來。

失敗了一次之後站起來，很多人都做得到，但若你知道站起來以後迎接你的還是失敗，你是否還願意努力且辛苦地振作起來？

「不認輸」並不表示「不會輸」，但總好過未戰先輸。

如果這是你選擇要走的方向，如果這是你真的想待的位置，那麼不管失敗幾次，都還是要繼續走下去；不管希望多麼渺茫，你也要努力撐在那裡。

因爲堅持下去，結果會是「零」到「無限大」；現在放棄了，結果就只會是「零」。唯有自己的堅持，才能得到別人的支持。

擂台上的男孩沒有強大的力氣，也沒有健壯的體格，他有的只是一股不服輸的精神，但憑著那份打不敗的鬥志，他成了一個很成功的輸家。

由此可見，堅持守住最後一絲希望的人，比較容易成功。

願意苦練，沒有什麼學不會

唯有不斷練習，才能創造完美。如果你一直學不會某樣東西，那可能只是因為你沒有下定決心要「練到會為止」。

如果你有時間抱怨，那就表示你還有更多的時間可以苦練。

一個年輕人向一名國寶級大師學習書法，花了十年的時間苦心琢磨，可是不知道爲什麼，他的作品就是差了師傅一大截。

「都已經花了十年，還是沒有辦法寫得和師傅一樣好，怎麼會這樣呢？如果不是師傅隱瞞了什麼秘訣不肯傳授給我，就是我眞的資質不夠吧。無論如何，繼續待下去恐怕也不會有什麼發展了，不如早點離開這裡，找份能賺錢的正經事來做！」年輕人想著想著，決定向師傅表明心意。

師傅知道他去意已決，並沒有多說什麼來挽留他，只是在年輕人離開之前，交給他一個箱子，要他回家之後再打開來看。只是，年輕人禁不住好奇，才走到半路，就忍不住將那個木箱打開。箱子一打開來，年輕人看得傻眼。因爲箱子裡裝的滿滿都是硯台，而且都是底部已經磨穿了的硯台。

這些都是師傅在還沒有出師之前用過的硯台。年輕人這才猛然驚覺，他一直以爲自己已經很努力了，原來和師傅相比，他花的那點力氣根本不算什麼！

於是，他返回師傅的住處，再次請求師傅收他爲徒。這一次，他總算學會了師傅所隱瞞的秘訣，那就是——努力、努力、再努力。

日子難過，越要笑著過

訪問一名得到法國藍帶殊榮的廚師，要怎麼樣才可以擁有他那一身出眾的廚藝，他會回答你：「就是不斷地練習罷了。」

去問一個得獎的音樂家，要怎麼樣才能演奏得和他一樣精湛，他也會告訴你：「就是一遍又一遍地練習而已。」

去問蛋糕師傅，去問賽車選手，去問造型達人，去問體操國手，他們成功的秘訣在哪裡？

相信答案只有一個，就是「練習」這個方法而已！

唯有不斷練習，才能創造完美。

成功人士或多或少有他們自己的一套，每個人都有自己的訣竅與「撇步」，但那也是在長久的練習過程當中，逐漸摸索出來的心得。

如果你一直學不會某樣東西，那可能只是因爲你沒有下定決心要「練到會爲止」。不忽略「練習」這道功夫的人，比較容易成功。

PART 9

放下，讓你步伐更輕盈

快樂是一種感覺，我們卻在這種感覺加了太多的附加條件。與其羨慕別人擁有的東西，不如享受自己擁有的當下。

即使生氣，也要生個有智慧的氣

只要在生氣的時候，能夠問問自己：「我為什麼會生氣？」「生氣有什麼用？」相信大家都可以讓理性戰勝非理性。

如果說不會自尋煩惱，是智慧的表現，那麼，不要再增加別人的痛苦，則是慈悲心的表現。

有一個叫做贊巴狄的人，打年輕到現在，只要一生氣就會跑回家去，然後繞著自己的房子和土地跑三圈。

雖然隨著歲月的累積，贊巴狄的房子越來越大，土地也越來越遼闊，但是只要他生氣時，他總會堅持要繞著房子、土地跑三圈，一直到他年紀已經很大了，走路都要拄著拐杖了，生氣時還是會堅持繞著土地和房子跑三圈，跑得氣喘吁吁、汗流浹背。

一天，贊巴狄的孫子好奇地問他：「爺爺！每次您生氣的時候，就會繞著房子和土地跑，這究竟是爲什麼呢？」

贊巴狄回答：「我年輕的時候，我一跟別人吵架、爭論、生氣，就會繞著自己的房子和土地跑三圈，那時，我邊跑邊想：我的房子這麼小，我的土地這麼少，我應該要努力爲自己賺得更大的房子和土地才是，幹嘛浪費時間力氣去跟別人生氣呢？一想到這裡，我的氣就消了。而且我可以把怒氣轉變爲動力，花更多的時間精力去工作、學習。」

「那麼，爺爺，」孫子又問：「現在您都已經這麼老了，而且也已經這麼有錢了，爲什麼您生氣的時候還要繞著房子和土地跑呢？」

贊巴狄笑著說：「因爲當我繞著房子和土地跑的時候，我就會想到：我房子這麼大，我的土地這麼多，我已經是世界上最幸福的人了，何必去跟別人計較呢？

只要一想到這裡，我就再也不生氣了。」

愛生氣，就會沒福氣。究竟怎麼樣才可以讓自己怒火中燒的時候不輕易對人發脾氣呢？

日子難過，越要笑著過

一個非常有效的方法是，在生氣時，先問問自己：「這個氣該不該生？」

有人曾經對生氣一事做過研究，發現人們在日常生活中所生的氣，大多是不該生的氣，而且有百分之九十五的人表示自己在發過脾氣之後，經常會感到後悔，可見生氣往往只是一時的情緒所致，事情本身並沒有你所想的那麼罪大惡極。

只要在生氣的時候，能夠問問自己：「我爲什麼會生氣？」「有什麼好氣的嗎？」「生氣有什麼用？」相信大家都可以讓理性戰勝非理性，即使生氣，也要生個有理由、有立場、有智慧的氣。

有得就有失，有捨才有得

快樂是一種感覺，我們卻在這種感覺加了太多的附加條件。與其羨慕別人擁有的東西，不如享受自己擁有的當下。

富爸爸和窮爸爸有什麼不同？

如果他們不懂得掌握快樂的秘訣，那麼，富有或是貧窮對他們來說都是一樣的——一樣的不快樂。

兩者的差別只在於，窮爸爸只要有一點錢就會開心，富爸爸卻必須要有很多很多錢才會開心。

話說一名富有的紳士利用早晨的時光在公園散步，走著走著，遇到了一個模樣邋遢的流浪漢。

紳士完全沒有一絲有錢人該有的架子，和對待一般人一樣，主動親切地向流浪漢道了聲「早安」。流浪漢同樣也笑著回應道：「早安，天色還這麼早，你來公園做什麼？」

「我出來走走，看看是否能爲我的早餐增進點食慾。」紳士禮貌地回答，接著又問道：「那你呢？你這麼早來公園做什麼呢？」

「喔，我也是出來走走，看看能不能爲我的食慾找到一點早餐。」

日子難過，越要笑著過

有錢的人散步，是爲了讓自己開胃；沒錢的人散步，是爲了找點食物塞胃。

雖然目的不同，但是他們同樣都是在悠閒的散步，不是嗎？

有錢的人工作，是爲了實現自己的夢想；沒錢的人工作，是爲了滿足自己的生活。雖然目的不同，但是他們付出的卻是相等的心力，每個人都是爲了自己的人生在奮鬥，不是嗎？

我們常常犯的一個錯誤，就是以爲非要得到什麼東西後才會快樂。

當我們手頭空虛的時候，我們告訴自己：「只要我有錢就好了。」

但當我們稍微有一點錢的時候，我們又會告訴自己：「唉，只要我能像某某人那麼有錢就好了。」

然而，就算你有一天眞的實現了你的夢想，站上了金字塔的頂端，你依舊還是會嘆息，依舊還是會不滿，依舊還是會過得不快樂，因爲讓你煩惱的並不是眼前的困境，而是你自己的心境。

快樂是一種感覺，我們卻在這種感覺上面加了太多的附加條件，導致自己過得如此不快樂。與其羨慕別人擁有的東西，不如享受自己擁有的當下。

許多比你條件更好、機運更好的人未必可以像你一樣快樂；同樣的，很多和你條件相當、處境相同的人，卻有本事過得比你快樂。

有得就有失，有捨才有得，你的快樂在哪兒呢？

隨悲隨喜是必修的課題

我們來到世上的目的，不是為了要享受那些美好事物，而是要學著如何在不美好中照樣活得美好、過得快活。

人生不是每一天都是愉快的，我們在這個世界上最大的功課，就是要學習去接受生活中的所有不愉快。

關於人生，有一種說法是這樣的：

上帝創造了驢子，並且告訴牠：「你將從早到晚不停的工作，身上背著重物，而且你只能吃草。你不會有太多的智慧，但是會有五十年的壽命，要記住，你是一頭驢子！」

驢子聽了上帝的話，點點頭說：「我是一頭驢子，但是活五十年太久了，可不可以讓我活二十年就好？」

上帝於是應允了驢子的要求，給了牠二十年的壽命。

接著，上帝創造了狗，並且告訴牠：「你的任務是替人類看家，你是人類最忠實的朋友，你只能吃人類給你的任何東西，而你將會擁有二十五年的壽命，記著，你是一隻狗！」

狗搖了搖尾巴，回答說：「我是一隻狗，但是活二十五年太久了，可不可以讓我活十年就好？」

於是，上帝給了牠十年的壽命。

接下來，上帝創造了猴子，並且告訴牠：「你是一隻猴子，你必須終日在樹上跳來跳去，做一些愚蠢的事情逗人開心。你擁有二十年的壽命。」

猴子回答：「上帝，活二十年太久了，可不可以讓我活十年就好？」

上帝也同意了猴子的要求。最後，上帝創造了人類，並且告訴他：「你是人類，你是地球上最聰明也最靈活的動物，你可以運用智慧去控制其他的動物，並且改造這個世界，而我將會給你二十年的壽命。」

人類想了想，說道：「上帝，二十年的壽命實在太短了，要知道，我可是萬物之靈呢！你何不把驢子放棄的三十年、狗放棄的十五年、猴子放棄的十年，全都給我呢？」

「好吧，就這麼說定了！」上帝一口答應。

從此，人類就過了二十年像個人般的生活，成家立業以後，花了三十年像隻驢子一樣背負重擔。等到孩子長大離家之後，又花了十五年如狗一般的看家，吃別人替他準備好的食物，然後準備退休。

剩下來的十年，他像猴子般的在屋子裡頭轉來轉去，做些愚蠢的事情，爲的是討兒孫的歡心……

滿有意思的比喻，不是嗎？

人生其實有很多的無奈，但是只要接受這些無奈，你便不會再感到無奈。我們來到世上的目的，不是爲了要享受那些美好事物，而是要學著如何在不美好中照樣活得美好、過得快活。

如果說人生最大的無奈，是無法擁有所有想擁有的，也無法控制他人的想法或行爲，那麼，是不是只要我們少一分堅持、少一分慾望，就可以減少一分無奈的感覺呢？

隨悲隨喜，這是我們每個人都必須修習的課題，而隨遇而安，則是你我人生路上所有疑問的最好解答。

自己的方向自己決定

人不能決定自己的出身，但是卻可以決定自己的方向。
這個世界雖然不公平，但是卻很神奇。

日本經營之神松下幸之助曾經這麼說：「我之所以有今天，是因為出身貧寒、有志的關係。」

人在困苦的環境裡，不得不拚了命的往上爬。若是松下幸之助出身在一個富裕的家庭裡，說不定不會有後來的成就。

許多看似不幸的遭遇，其實冥冥中都帶有上天給予人們的一份眷顧。只要你不悲嘆、不埋怨，自然就會看得見。

很久以前，在義大利的龐貝城裡，住著一個雙目失明的女孩。

這個女孩從一出生就是個瞎子，她知道自己和別的孩子不同，卻從來不曾有過半句怨言。長大以後的她，靠著賣花維生，總是微笑著穿梭在大街小巷裡，乍看之下，就和一般正常人沒什麼兩樣。事實上，她比普通人更加勤奮，更加努力工作。

一天，就在大家來不及防備的時候，鄰近的維蘇威火山突然爆發了。

漫天的塵埃一下子籠罩住整座龐貝城，世界一下子墜入了伸手不見五指的黑暗中。驚慌失措的居民從未想過這樣子的局面，大夥兒亂成一團，誰也顧不了誰。就在這個時候，女孩勇敢站了出來。

因爲她的眼睛看不見，所以即使身處在黑暗裡，也能憑著敏銳的觸覺與聽覺摸索出正確的道路。

因爲她長期以來一直四處兜售著花朵，對城裡每一條大街小巷再熟悉不過，所以她很快就帶領大家找到了生路，拯救了龐貝城中無數的居民。

路再長也一定有終點，夜再黑也總有盡頭，日子再難過，明天的太陽也依然會從東方升起。因此，與其愁眉苦臉地去記住生活之中的種種苦痛，還不如用微笑去忘掉。

人生就像玩撲克牌，無論你手上拿到的是好牌還是壞牌，你都必須善用你的每一張牌，努力將這場牌局打得漂亮。

的確，這個世界是不公平的。有的人生下來就穿著金縷鞋，有的人卻只能穿著一雙破布鞋，有的人連鞋子都沒得穿，更有人連腳都沒有！

但是誰敢說你沒有腳就不會快樂？

誰敢保證你拿到壞牌就輸定了？

沒有腳只會造成你的不方便，但是並不影響你微笑的能力。拿到一手爛牌意味著你必須更賣力奮鬥，但是你還是照樣有出人頭地的機會。

人不能決定自己的出身，但是卻可以決定自己的方向。

只要你下定決心要過得快樂，那麼有沒有腳、腳上穿著什麼樣的鞋子，對你而言又有什麼差別呢？

更何況，你今天的不幸，說不定有朝一日會變成你的幸運。這個世界雖然不公平，但是卻很神奇。

要得第一名太容易了

你不一定是最好的，但你可以是最有自信的！你不一定是最優秀的，但你可以是最快樂的！

「生平無大志，但求六十分。」這才是智者的生活哲學。

不要當人人眼中的第一，而要當你自己心目中的第一。

有個小男孩，打從進入小學以後就一天也沒開心過。

因爲他的成績普通、長相普通，就連家境也普通，小男孩非常羡慕那些功課優異的同學們，很想知道，當上第一名究竟是什麼滋味。

只是，無論他再怎麼用功讀書，成績依舊普普通通。

小男孩的爺爺看出了孫子內心的沮喪，不禁感到十分擔憂。

他找了個機會，對小男孩說：「孩子，其實你要得到第一名也是很容易的，從今天開始，你要下定決心，每天要當第一個到學校，第一個走進教室的人，這樣，你不也就是第一名了嗎？」

隔天一早，小男孩按照爺爺的叮嚀，第一個到達了教室。

他發現，原來當第一名是這麼容易！原來除了課業成績突出之外，生活中還有那麼多值得開心的事情。

從那天起，小男孩每天都懷著期待的心情去上學，他享受到了當第一名的喜悅，也意外得到了專屬於第一名的自信。

如果你不是最漂亮的，那你可能是最可愛的；如果你不是最可愛的，那你可能是最聰明的。如果你不是最聰明的，那你可能是最會唱歌的；如果你不是最會唱歌的，那麼你可能是掃地掃得最乾淨的。如果你不是掃地掃得最乾淨的，那麼，至少你是最會忙裡偷閒的那一個……

無論如何，每個人總有自己的特質，是別人學不來，也取代不了的。

人生其實有很多第一名。如果當不到人人搶著當的那個第一，那就應該多多發掘自己的其他特長，找出自己無與倫比的優點。

正所謂「江山代有才人出」、「長江後浪推前浪」，所有的第一名都只是一時的光環，沒有人會是永遠的第一。

既然知道了這一點，那又何必搶著當第一名呢？

你不一定是最好的，但你可以是最有自信的！

你不一定是最優秀的，但你可以是最快樂的！

失去，不過就是讓人回到過去

曾經滄海難為水，然而，既然改變不了事情，那麼我們就只好改變態度。想辦法讓自己過得輕鬆一點、快樂一點。

雖說時光不能倒流，歷史不能重演，但是我們的人生，卻可以重來。前提是，你要有隨時喊「cut」的勇氣，並且要有倒帶回轉、忘卻現在的決心。

有個年輕的少婦一時想不開，來到海邊準備要跳海自殺，被附近路過的一名老伯救了起來。

老伯問少婦：「我看妳長得不錯，年紀又輕，將來的前途無可限量，爲什麼要做這種傻事呢？」

少婦哭著說：「你不懂，我才結婚不到一年，先生就有了外遇，他打算要和我離婚，我不知道我離了婚之後，日子要怎麼過下去啊……」

「這有什麼大不了的呢？」老伯反問少婦：「妳怎麼不想想，妳在認識妳先生之前，日子是怎麼過的呢？」

少婦聽了，眼裡泛起了做夢似的光彩。

她回憶起舊日的時光，微笑著說：「是啊，我在結婚之前，過的是多麼快樂的日子啊！那個時候的我自由自在，無牽無掛，想去哪裡就去哪裡，想幹什麼就幹什麼，那眞是一段令人懷念的時光啊。」

「那麼，那個時候，妳有丈夫嗎？」老伯問。

少婦搖了搖頭，回答：「沒有。」

「那麼，那個時候，妳會覺得日子過不下去嗎？」

「當然不會。」

「這就對了啊，」老伯說：「就算妳失去了妳的丈夫，妳也只不過回到了一年前的日子，妳又可以重新回到過去的時光，重新擁有過去的快樂，這有什麼不好的呢？」

少婦想了想，總算放下了心頭上的那顆大石。

日子難過，越要笑著過

遇到困難的時候，人們常常會想不開。那是因爲他們只想到了自己的現在、未來，卻沒有想到自己的過去。

我們兩手空空來到這個世界上，不也好好地活了這麼些年，還有什麼事情是我們過不去的呢？

所有的幸福和快樂，都是我們來到這個世界以後才慢慢擁有的。現在雖然失去了，但是只要繼續走下去，就一定還有希望再次重拾幸福的時光。

是的，我們都知道，曾經滄海難爲水，從雲端跌下來的滋味比一輩子沒碰過雲還要苦上千百倍。

是的，我們都知道，人間如夢，多情應笑我，不是每個人都可以瀟灑地揮一揮衣袖，不帶走一片雲彩。

然而，既然改變不了事情，那麼我們就只好改變態度。想辦法讓自己過得輕鬆一點、快樂一點。

所謂的「失去」，有時候其實只不過是讓人回到過去。雖然不能讓現實眞的回到昨天，但是我們卻可以用今天的智慧，重新再爲昨天所面臨的處境做一次更好的選擇。

學習如何與煩惱共存

無論天大的煩惱，我們最多也只要花一半的生命去煩惱，而剩下來的那一半生命，則要留給快樂。

一位哲人曾說：「人們所做的最傻的一件事情，就是追求完美。那比追求財富、追求名望、追求長壽都更加可悲。追求其他的東西，只要你夠努力，就會有成功的機會。唯有『完美』這個東西，是你再怎麼努力都得不到的。因為，它根本不存在於你我身處的這個世界裡。」

兩名同學在離開學校多年以後相遇。

其中一個打從畢業後就努力的創業，現在已經是一個富甲一方的企業家。見到昔日的同窗好友，企業家感到非常高興，平時不能對人說的話，今日可以無所不談地暢所欲言。

他滿面愁容地對好朋友說：「雖然我現在已經達成了自己所定下的人生目標，擁有自己的事業，也累積了不少財富，娶了個賢慧的老婆，也生了兩個可愛的小孩，可以說是全世界最幸福的男人了，但是不知道爲什麼，我卻有很多煩惱，一會兒擔心這個，一會兒又擔心那個，怎麼會這樣呢？爲什麼我擁有了那麼多，卻依舊無法擁有片刻的寧靜和快樂呢？」

他的同學聽了，露出了理解的眼神說：「這樣吧，你跟我來一個地方，或許你就能爲你的問題找到解答了！」

企業家雖然感到一絲疑惑，但還是跟著老同學的腳步，來到了一處偏僻的公墓。只見他的老同學指著眼前的一大片墓地，對他說：「你想追求沒有煩惱的生活是嗎？瞧，躺在這裡的這些人，他們沒有憂愁，也不會爲任何事情煩惱，難道這就是你所渴望的嗎？我的老朋友啊，你要知道，只有死人才是沒有煩惱的啊！」

人只要活著，就不可能沒有煩惱。

窮人爲三餐不繼而煩惱，富人則爲公司的營運計劃而煩惱。不健康的人煩惱著要怎麼樣才能獲得一個健康的身體，健康的人則煩惱要怎麼樣才能擁有更富裕的生活。成績不好的人爲這一次的考試而煩惱，成績好的人則爲下一次的考試傷透腦筋。

只要我們腦袋仍在運轉的每一天，煩惱就會繼續伴隨著你我，因爲，它是我們人生的一部分。

知道這一點以後，我們應該要學習如何與煩惱共存。

無論天大的煩惱，我們最多也只要花一半的生命去煩惱，而剩下來的那一半生命，則要留給快樂。

凡事盡了心力，就是人生最好的狀態

一個人最大的缺點，就是不能接受這是個不完美的世界。凡事只求盡力，不求做到最好，這就是人生最好的狀態。

許多人都說，婚姻是愛情的墳墓。

的確，一段感情經過時間的考驗，必定會變得和當初想像的不同，於是到了後來，有的人感嘆自己爲什麼要結婚，有的人卻依然可以從婚姻裡感受到幸福和快樂。

有個女人的婚姻已經邁入第十一個年頭，但是她卻像十一年前一樣，同樣過得自在又開心。看得出來，她和丈夫之間一直維繫著濃厚親密的感情。

她身旁的朋友十分羨慕她的際遇，忍不住問她：「要怎麼樣才可以過得和妳一樣幸福呢？」

女人說：「妳們看我過得這麼快樂，是因爲我和大多數人都不一樣。我對婚姻的要求不高，我所選擇的對象，對我也要求不高，所以平淡的婚姻生活對我而言已經是莫大的滿足，一直到現在，我還能說，結婚眞好！」

完美主義，是快樂的致命殺手。

什麼都要求像雜誌上的照片一樣漂亮，什麼都要求像電影畫面一樣唯美，只會讓你對人生產生更多的失望而已。

追求完美，固然可以讓我們的人生雕琢得更細緻、淬煉得更晶亮，但是處處都要求完美，只會讓自己神經緊繃，讓別人提心吊膽。

西方有句諺語是這麼說的：「一個人最大的缺點，就是不能接受這是個不完美的世界。」

凡事只求盡力，不求做到最好，這就是人生最好的狀態。

婚姻只求平安，不求幸福，才有可能眞的得到幸福。

對於我們所能掌控的事情，我們應該要爲自己訂下遠大的目標，但是對於那些我們不能掌控的事情，要求低一點，期望少一點，其實對大家都好。

不要去追求完美，只要努力做到問心無愧即可，試著接受不完美，並且學著去欣賞那「一點點的完美」。

不要志在擁有，而要志在快樂

如果你所擁有的東西不能讓你快樂，那麼就應該要勇敢放下。沒有什麼東西是比自由更可貴的。很多時候，你以為自己擁有了很多，其實你已經失去了自由。

唯有覺得「一切都是我的」，才能產生源源不絕的動力；唯有覺得「一切皆非我的」，才能享有隨緣自在的歡喜。

人不能永遠扮演著同樣的角色，也不能執著於自己的位置。

一個富有的王國裡，住著一個不快樂的王子。

國王非常疼愛他唯一的兒子，但也清楚察覺到了兒子的不快樂，於是，有一天，國王問王子：「你什麼東西都有了，爲什麼還不快樂呢？」

王子苦笑著說：「就是因爲我什麼都有了，所以我才不快樂。」

或許是因爲整天待在皇宮裡，所以才不快樂的吧！

不快樂的王子決定要離開皇宮去尋找快樂。

在路上，他遇到一位正快樂地哼著歌的樵夫。

王子問：「爲什麼你什麼都沒有，卻還可以快樂唱著歌？」

樵夫不以爲然地說：「誰說我什麼都沒有？天空是我的，草地是我的，花是我的，風也是我的；我擁有這麼多東西，怎麼會不快樂？」

不快樂的王子感到非常疑惑，繼續問樵夫：「你只有一間破茅屋，而我有一座華麗的皇宮，爲什麼你會比我快樂呢？」

「這個道理很簡單啊，」樵夫說：「如果要你拿你華麗的大皇宮來交換我的快樂，你願意嗎？」

王子想了想，搖搖頭說：「不願意。」

「所以，你不快樂。」樵夫語意深長地說。

亞歷山大大帝生前曾留下一句名言：「我要把雙手伸出來讓世人看，我雖然奪得了這麼多土地，死後卻連一點塵埃也沒有帶走。」

能夠有機會爬上高位，坐擁一切，固然是一種幸運。但若太執著於眼前的榮華安樂，不肯在該退場的時候退場，就會讓自己陷入困局。

如果你所擁有的東西不能讓你快樂，那麼就應該要勇敢放下。

沒有什麼東西是比自由更可貴的。很多時候，你以為自己擁有了很多，其實你已經失去了自由。一個不自由的人，又怎麼可能會活得快樂？

對於自己想要的東西，我們應該要積極上進、努力爭取；但若這樣的想法令人感到痛苦，那麼我們便應該放下執著，也放開自己。

不要志在擁有，而要志在快樂；日子再怎麼難過，也要笑著渡過。

命運的價值由自己去塡寫

要讓別人真正喜歡你，就要讓自己培養出喜歡自己的特質。如果你不知道要怎麼喜歡自己，就從好好對待自己做起吧。

羨慕別人，是一件最無聊的事。

要知道你是全宇宙獨一無二的，再也找不到另一個和你一模一樣的人，所以你是很尊貴的！

一天，五隻手指展開一場激烈的爭辯，他們每個人都認爲自己是最有價值的手指，誰也不肯讓誰。

大姆指首先說：「我出身高貴，是代表『成功』的手指，每當主人想要稱讚別人做得好的時候，都一定要把我豎起來，所以，我絕對是我們五個當中最有價值的。」

「哼！我才是最有價值的呢！」食指不甘示弱地說：「每次主人指揮別人做事的時候，一定都會把我當成他的指揮棒，凡是拿筆、拿筷子都少不了我，還有誰可以取代我的地位呢？」

中指也聽不下去了，他站起來，以傲視群倫的姿態，向大家宣布說：「光是我的身高，你們就全都被我比下去了！我是五隻手指當中最高高在上的，你們拿什麼跟我比？」

「光是長得高有什麼用？還得要夠尊貴才行！」無名指擺出一臉高傲的表情，慵懶地說：「你們想想看，主人把最重要和最有意義的結婚戒指戴在我身上，這不已經是最好的表示了嗎？要比蠻力，我是比不過你們，但論價值，你們誰都別想贏我！」

正當其他四隻手指紛紛發表自己的意見的同時，最小的尾指始終沒有說話。

心裡默默想著：「我相信自己是有價值的，因爲每當雙手合十地祈禱時，我與神總是最接近的。」

日子難過，越要笑著過

命運給人的只是一張空白支票，其中的價值由自己去塡寫。

要讓別人眞正喜歡你，就要讓自己培養出喜歡自己的特質。

如果你不知道要怎麼喜歡自己，那麼就從好好對待自己做起吧。

好好吃飯、好好穿衣、好好工作、好好休息，好好生活，這就是好好對自己。

好好對自己，你便會快樂。而一個快樂的你，一定也能帶給周圍的人快樂。所以，你又怎麼能不喜歡自己呢？

PART 10

反省，讓你處世更清醒

如果你不喜歡你現在身處的位置，大可想辦法換一個位置。要是連換位置都沒有辦法，那麼你可以試圖改變它。

先充實能力，再要求權力

很多人一心只想著走運，從來不試著擴充自己的實力，所以最後的結果是，一生都不走運。

如果你想要贏得別人的尊敬，請先讓自己成爲一個值得尊敬的人。

榮譽不能靠別人的施捨，如果別人認爲你有資格得到一些什麼，他們自然會主動給予你那些什麼。

話說美國林肯總統任內時，有一天，一名婦人透過關係求見林肯總統，一見到總統，便理直氣壯地說：「總統先生，你一定要給我兒子一個上校的職位。我這並不是在懇求你的恩賜，只是想要奪回我們應有的權利。」

婦人接著敘述家族的豐功偉業：「因爲，我的祖父曾經參加過雷斯頓戰役，而我的叔父在布拉敦斯堡戰役中是唯一沒有逃跑的人。另外，我的父親也參加過納奧林斯之戰，我的丈夫，我兒子的爸爸，則是在曼特萊戰役中殉職的，所以，我這樣的要求並不過分，我……」

「請先聽我說，夫人，」林肯打斷了她的話說：「對於你們一家三代皆是如此盡心盡力地爲國服務，我實在非常佩服與尊敬。你們對國家的貢獻實在夠多了，我想應該沒有人比你們這一家更具備愛國情操，所以，現在該是給別人一個爲國效命的機會了！」

日子難過，越要笑著過

若你希望其他人了解你，那麼你要先了解你自己。

若你希望別人看到你的優點，那就先把自己變成一個更好的人。

責任總是伴隨著權力而來，很多人只看見權力的光澤，卻忽視了責任的重擔。要戴那麼大的帽子，就先要有那麼大的頭，否則，那頂帽子對你來說，不過是種羞辱與負擔而已。

這個世界想要成功、想要發財的人很多，但是眞正具備成功條件與發財實力的人卻少之又少。

很多人不問自己有沒有條件，只埋怨別人不給機會，所以注定要面對失敗。更多人一心只想著走運，從來不試著擴充自己的實力，所以最後的結果是，一生都不走運。

沒有什麼是你「應該」要得到的，如果你從來都不去做那些你「應該」要做的事的話。

寬容是一種修養，更是一種力量

不去計較，省的是自己的力氣；原諒別人，得到的是內心的平靜。選擇寬容，才有餘力重新提起屬於自己的快樂。

如果損人可以利己，這件事多少還有一點存在的價值；但若損人而不利己，這種事做來幹什麼呢？

踩低別人，未必能夠突顯自己，但是留下的，卻一定是自己的腳印，浪費的，卻一定是自己的力氣。

除了那些有名的抽象畫之外，畢卡索留給後人的還有一段軼事佳話。

據說，畢卡索成名之後，對坊間充斥著仿冒他作品的假畫毫不在乎，也從來不曾追究。就算親眼看到那些偽造的畫，他也只是把畫上偽造的簽名塗掉，一點兒也不動怒。

朋友無不為他的好修養感到驚訝，甚至建議他要站出來揪出那些仿造偽畫的不肖份子，好為自己討回一個公道。

然而，畢卡索卻只是笑著說：「我為什麼要小題大作呢？畫假畫的那些人不是三餐不濟的窮畫家，就是我在藝術界的老朋友。同樣是靠畫畫維生的人，我為什麼要和這些老朋友為難？況且，那些鑑定真跡的專家也要吃飯，要是這個世界上沒有假畫了，你叫他們的生意怎麼做得下去？再說，雖然那些人仿造我的畫，冒用我的名，但是並不影響我的畫的價值啊！我又沒吃什麼虧，幹嘛要浪費力氣討什麼公道呢？」

《菜根譚》裡頭有一句話說：「得理而能饒人，是謂厚道，厚道則路寬；無理而又損人，是謂霸道，霸道則路窄。」

不去計較，省的是自己的力氣；原諒別人，得到的是內心的平靜。

寬容是一種修養，寬容是一種力量，當然寬容也是一種內涵和風度。

當你準備要把拳頭伸出去的時候，想一想，一拳打在別人的身上對自己有什麼好處？又能讓對方產生什麼省悟？倒不如選擇把拳頭收回來，既是休息，也是爲下一次出擊儲備戰力。

雖然說對敵人仁慈，就是對自己殘忍，但是有更多時候，那個得罪你的人未必是你的敵人，他只是一個不小心犯了錯的人。若是你可以寬容地對待他，說不定他還能成爲你眞心的朋友，不是嗎？

寬容別人，是成就自己；原諒別人，是解脫自己。

給別人一次機會，也是給自己一個希望。當你選擇了寬容，願意打從心裡放下別人的過錯，你才有空間和餘力重新提起屬於自己的快樂。

自大多一點叫做「臭」

我們會同情一個愚蠢的人，卻不能忍受一個自以為是的人。當一個人老提起自己的優點，反會令人想到他的缺點。

《哈利波特》書中，哈利波特的教父天狼星曾經告誡過他：「你若想了解一個人的為人，就應該好好觀察他是怎樣對待地位比他低的人，而不只是看他如何跟同等地位的人相處。」

確實如此，無論平日言行如何，當一個人毫無顧忌的時候，流露出來的特質，才是他真實的個性。

話說德國納粹獨裁者希特勒來到一家精神病院視察。

他問其中一個病人是否知道他是誰，病人疑惑地搖了搖頭。

希特勒於是大聲地宣布說：「你們大家聽好，我是阿道夫．希特勒，我是你們的領袖。我的力量無人可比，只有上帝可以和我相提並論。從今以後，你們都要尊敬我，就像尊敬上帝一樣。」

病人們一個個不發一語，只是微笑、同情地望著他。

不久，終於有個人站起來，走到希特勒身邊，拍拍他的肩膀：「是啊，是啊，你說的都是……我們剛開始發病的時候，也是像你這個樣子。」

性格決定命運，自大成狂的人，永遠活在自己的世界裡，看在旁人的眼裡，的確是像個神經病一樣！也因此，注定了孤獨一生的命運。

當一個人高估自己的重要性時，最好讓他想想，在他出生之前，人們不也一樣過得很好？而且極有可能在他死後仍然過得不錯。

自大多一點叫做「臭」。我們會同情一個愚蠢的人，會憐憫一個自卑的人，卻不能忍受一個自以爲是的人。因爲當一個人老是提起自己的優點，反而更會令人聯想到他的缺點。

這也正是爲什麼自大的人身邊圍繞的不是和他同樣自大的狂人，就是奉承諂媚、想在他身上撈點什麼好處的小人。

若是一個人不懂得謙遜，即使美麗也不優雅，即使機智也討人厭，教人怎麼跟他相處呢？

自大的人對社會最大的貢獻，就是提供了一個活生生的負面教材。

對待一個狂妄之人，最好的方式是避開他、漠視他、規勸他、指正他，但不要變得像他一樣。

想要創造機會，就要不斷學習

學些有用的東西，讓自己在機會來臨之前，儲備好能量；也學一些看似無用的東西，讓自己擁有多一份技能。

愛因斯坦曾經講過一段富含深意的話：「生命會給你所要的東西，只要你不斷向它要，只要你在要的時候講得清楚。」

某一年，全球都陷入了經濟危機，失業率高漲不下，滿街都可以看到遊手好閒、等待著機會的年輕人。

其中一名才踏出校園的年輕人，也像所有剛出社會的年輕人一樣，找工作找了很久，卻什麼也沒有找到。絕大多數的公司不是付不起薪水，就是請不起額外的員工。

年輕人越找越灰心，越找越失望，有一天正當他的滿腔鬥志即將燃燒殆盡的時候，忽然，馬路旁有一個人從建築工地的高樓上掉了下來，摔得血肉模糊，死狀慘不忍睹。

年輕人見狀，趕緊跑到工頭那兒毛遂自薦道：「請問那個剛掉下來的工人是負責做什麼的？可以由我接替他的工作嗎？」

「不，不行！」工頭板著臉說：「他的工作已經有人接替了。」

「哇，這麼快，是誰呀？」年輕人感到非常不可思議。

工頭回答：「就是把他推下來的那個人啊！」

日子難過，越要笑著過

如果你總是認爲別人的運氣比你好，如果你總是埋怨碰不到好機會，這固然是個笑話，但也說明了，那是因爲你用的心機不夠多，下的功夫不夠深，所以才總是和機會擦身而過。

英國哲學家法蘭西斯．培根曾說：「智慧之人所創造的機會，遠遠超過他能遇見的機會。」

機會是靠自己創造的，而創造機會最好的方法，就是不斷學習。學些有用的東西，讓自己在機會來臨之前，儲備好完滿的能量；也學一些看似無用的東西，讓自己擁有多一份技能，誰知道將來它會不會成爲你的另外一個機會？

在我們身處的這個社會裡，機會說多不多，說少也不少，只要你不放棄每一個學習的機會，那麼你也不會錯過任何一個成功的機會。因爲所有的成功，都是來自於學習，沒有人一生下來就會。

何必用規矩限制自己？

人生不是下棋，不能用楚河漢界劃分。人生沒有棋譜，棋盤外面的世界，或許危險，但卻蘊藏了無限可能。

你知道一個瘦弱的女孩子是如何把一頭大熊全都吃進肚子裡的嗎？不需要任何道具，也不需要任何秘技。

關鍵在於：「一次吃一口，一口一口地吃下去！」

一名老太太用盡心思，想把一件新買的組裝廚房用品拼湊起來。她按照說明書上標示的程序，一步一步跟著做，沒想到弄了老半天，卻一點成效也看不見，反而把四周環境弄得一團亂，令老太太感到非常沮喪，索性把這堆東西丟在一旁，視而不見。

經過了一段時間之後，老太太幾乎已經遺忘那件東西的存在，但是有一天，她卻意外發現家裡的女傭，竟然奇蹟似地將那個複雜的用品拼裝完成，並且使用得極爲順手。

驚訝之餘，老太太忍不住問女傭：「妳是怎麼做到的？」

女傭回答：「因爲我不認識字，看不懂說明書，只好儘量用腦筋了。」

日子難過，越要笑著過

我們總認爲，要完成一件大事，必須具備過人的能力，或是錯誤地以爲，要達到某個目標，一定要具備某樣神奇的工具。

事實上，不是每件事都一定要按照既定的規則做，也不是每一件事都一定會有所謂的章法。

遇到難題，偶爾摒除一切所知，憑著自己最初最眞的直覺走下去，也未嘗不能順利地到達終點。

許多人被侷限在現實的環境裡，都是因爲他們爲自己設下太多看不見的障礙：不能彎下腰、不能低下頭、不能把手弄髒、不能向敵人示弱……這些其實都只是讓自己更加難過而已。

人生不是下棋，不能用楚河漢界劃分，更加不能把自己限制在那一小塊一小塊的方格裡。人生沒有棋譜，沒有招數，四方棋盤外面的世界或許危險，但卻蘊藏了無限可能。

用微笑與讚美代替責備

責罵通常不能改變事情，也不能改變對方；多觀察別人好的一面，讓自己的視野更加寬廣，心情更加愉悅。

誰都會責怪別人，但是只有眞正高明的人懂得誇獎與讚揚。

如果責怪別人有用，那麼我們理當該罵則罵。問題是，責罵通常不能改變事情，也不能改變對方；能夠幫助一個人向善的，只有微笑與讚美。

一個年輕人才剛考上駕照，便興沖沖地開著父親的老爺車上路試身手！

起先，一切進行得還十分順利，排檔沒有問題，方向盤也頗爲靈光，可是，就在某一個路口等紅燈時，車子竟然突如其來地熄火了。

年輕人吃了一驚，頓時嚇得不知所措！眼看著就要轉綠燈了，可是這車子像是有自己的脾氣似的，說不動就是不動，不一會兒，車子後面開始傳來陣陣的喇叭聲，毫不留情地埋怨著年輕人擋住了通道。

這下子，年輕人更加慌張了，但他越慌張，車子就越發不動；車子越發不動，他就越加倍慌張。可是，後面那台車子卻一點也不能體諒他的心情，只聽見喇叭聲越響越大聲、越響越急促……終於，這個年輕人忍無可忍，滿頭大汗地從車上走了下來，握緊拳頭走向後面那輛車。

路旁的人看了，都以爲一定會有什麼火爆的場面即將上演，然而，這名年輕人卻只是走到那台車旁邊，對那個拼命按喇叭的駕駛說：「先生，我們打個商量好不好？這樣吧，我來幫你按喇叭，你去幫我發動車子，你看這樣會不會比較好？」

日子難過，越要笑著過

指責別人很容易，但要反省自己卻很難。

一個明顯的例子是，每逢棒球賽時，看台上的觀衆無不熱情投入，看得群情激昂。只是，當投手連投了三壞球，立刻會有觀衆大喊：「換投手！換投手！」當打擊者不小心揮棒落空時，也馬上會有觀衆反應：「換打擊者！換打擊者！」甚至當比賽結果不如預期時，也會有人大喊：「換裁判！換裁判！」就是沒有人會說：「換觀衆！換觀衆！」

但是，就一個旁觀者來看，眞正最沒有修養、最該被踢出局的是誰呢？

一個人若是缺乏體諒別人的心，那麼無論萬事萬物，都很容易看不順眼，就算別人做得再好，也能從雞蛋裡挑出骨頭，專門看別人美中不足的那一部分。試問這樣的人，又怎麼可能看見生活當中的幸福與喜樂呢？

因此，體諒別人，也就是體諒自己。讓自己多觀察別人好的一面，也就是讓自己的視野更加寬廣，心情更加愉悅。

負責讓我們變得更勇敢

責任無疑是一個沉重的擔子，但正因為有了這個重擔，我們將會走得更平穩、更踏實，也將會走得堅強，走得坦然。

能夠承擔起各種大大小小責任的人，應該是最快樂的一種人。因爲這世界再也沒有什麼事情比負責更加勇敢，比逃避更令人痛苦的了。

美國曾經發生一則駭人聽聞的意外事件，一名四十歲的婦人在州立公園慢跑時，在無人區受到美洲獅攻擊，並且當場斃命。

當時，她的家人立刻對州政府提出告訴，認爲「政府疏於管制山上獅子的數量」，並且「沒有明確標示美洲獅在該區域出沒的警告標語」。

這場不幸意外引起廣泛議論，然而，令人驚訝的是，這名婦人的丈夫沒過多久，就取消了對州政府的控訴。

面對媒體的詢問，他說：「我太太和我有個習慣，就是我們通常都會自我反省，負起自己應負的責任……我太太之所以會遭逢不幸，是因爲她跑步的路線經過了公園的野生區域，而且她太過深入野生區，沒有適時折返，才會造成這場意外。我想，這應該不是州政府的錯誤，她本身也必須對這件事情負起責任。」

很多人以爲，別人犯錯總好過自己犯錯。

但有些時候，不管錯的是誰，我們都應該要負起自己應負的責任，而不是自私地苛責別人。

當某件不幸的事情發生時，把責任全部推到別人頭上，只會讓你陷入自艾自憐的處境當中，讓你益發認爲自己是個不折不扣的受害者。

然而，若是你願意反省自己，承擔起自己應負的責任，反而會勇敢面對現實，積極尋求解決問題的方法，展現出自己成熟的一面。

責任無疑是一個沉重的擔子，但正因爲有了這個重擔，我們將會走得更平穩、更踏實，也將會走得堅強，走得坦然。

無法改變，就順其自然

要有承擔煩惱的恢弘，也要有放下煩惱的豁達。要有解決問題的誠意，至於問題解決不了時，也要有鳴金收兵的睿智。

「Let it be!」就讓它這樣吧！這是一聲嘆息、一聲無奈，卻也是讓我們的人生免於煩惱困惑的無上智慧。

因爲，人生在世，超過一半以上的困擾和煩惱，其實都來自於我們自以爲生活不可能像自己想像中那樣簡單，因此，才會讓自己陷入自尋煩惱，自作自受的心靈禁錮之中。

有個無所事事的人某天行經一座瓜田，看到田裡的西瓜，突然有感而發地說：「爲什麼西瓜長這麼大，可是它的梗卻這麼細呢？」

正在田裡耕作的農夫聽到了這話，回答道：「沒有爲什麼，它生下來就是如此啊！」

「那眞是奇怪了！」那個人繼續天馬行空地胡思亂想，「爲什麼它生下來就是這樣呢？而且，爲什麼它要長在地上而不是樹上呢？西瓜的果實這麼大、這麼綠，它應該要長在樹上才是啊！」

「既然老天爺安排它長這樣子，我想一定有它的道理在，你就別瞎操心了吧！」農夫好言相勸道。

只是，那個人仍不肯死心，繼續發著牢騷說：「我想，老天爺一定弄錯了，要是我是老天爺的話，我才不會讓它這樣長呢……」

這個沒事找事的人越想越不對勁，越想越覺得心煩，乾脆在田地旁找了一處樹蔭坐下來閉目養神，打定主意一定要理出個頭緒。

就在他閉目苦思的同時，突然樹上一棵成熟的芒果掉了下來，不偏不倚地砸中了他的腦袋。

「哎喲，痛死我了！」那個人一面摀著腦袋一面尖叫。

農夫見狀，笑著對他說：「現在你知道了吧！不管老天爺做什麼事，一定都有它的道理。你想想，要是生長在樹上的不是芒果而是西瓜，你說會發生什麼事呢？」

日子難過，越要笑著過

如果某件事情令你覺得矛盾，如果有煩惱一直擱在你心裡，那麼你可以有個最聰明的選擇，就是接受它原本的樣子。

不要問爲什麼鐵樹不開花，不要問爲什麼太陽不打西邊出來，不要問爲什麼升官發財總沒有你的份，不要問爲什麼他不愛你而愛別人，只要問自己究竟有沒有改變事情的能力。

如果沒有，那就接受現狀，不要再想它。

些許煩惱或許可以令我們的腦袋多些思考，讓人生顯得更加眞實沉穩，但煩惱太多、煩惱太久，便會令人往牛角尖裡鑽，一不小心，就陷入了憂愁、憂鬱的死胡同裡。

因此，我們要有承擔煩惱的恢弘，也要有放下煩惱的豁達。面對問題時，要有解決問題的誠意，至於問題解決不了時，也要有鳴金收兵的睿智。

不要讓同一個問題困擾你太久，要相信，如果你煩惱的事情不能馬上看見結局，那麼，順其自然就已經是一個最好的答案。

與其埋怨，不如試著改變

如果你不喜歡你現在身處的位置，大可想辦法換一個位置。要是連換位置都沒有辦法，那麼你可以試圖改變它。

使我們感到憤怒、懊惱、痛苦、悲傷的，往往沒有想像中那麼嚴重，必須妥善運用智慧，使自己成爲生活的主人，才不會淪爲生活的奴隸。

與其哀怨、抱怨，不如試著改變。

一個剛剛踏入社會的青年，沒有辦法適應上班的生活。他總是覺得辦公室的人際關係複雜，工作又永遠做不完，這樣的日子不知道還要過多久，因此總覺得悶悶不樂。

他的爸爸察覺到了兒子的心情，認爲有必要糾正他的心態，便找了一個機會，把兒子帶到廚房裡，燒了一鍋水，然後在水裡放進紅蘿蔔、雞蛋以及咖啡豆，並且蓋上了鍋蓋。

兒子雖然不知道爸爸的葫蘆裡賣的是什麼藥，但是看見爸爸一副認眞的表情，倒也沒有追問什麼，只是在一旁默默看著。

十分鐘後，爸爸把鍋蓋打開，從鍋子裡撈出了紅蘿蔔和雞蛋，並且把煮開的咖啡倒進杯子。

然後，他問兒子：「你認爲這三樣東西有什麼不同嗎？」

說著，爸爸要兒子用筷子戳一戳煮熟的紅蘿蔔，發現紅蘿蔔已經變軟了。他又要兒子敲開煮熟的雞蛋，發現雞蛋已經變硬了。最後，他要兒子用鼻子聞一聞那杯咖啡，讓他仔細品味咖啡的香氣。

此時，爸爸語重心長地對兒子說道：「這三樣東西都同樣遭遇了開水煎熬的逆境，但是，你可以發現它們的反應卻截然不同。胡蘿蔔原本是硬的，經過高溫烹煮之後，變得柔軟；雞蛋原本是軟的，因爲受熱而變硬。咖啡豆不向熱水屈服，經過一番煎熬以後改變了水。如果是你，你選擇當它們之中的哪一個呢？」

胡蘿蔔、雞蛋、咖啡豆正代表著三種人。

胡蘿蔔遇到挫折就變軟，缺乏抵擋挫折的韌性。

雞蛋遇到挫折就變硬，缺少處理問題的彈性。

唯有咖啡豆，既不對抗環境，也不埋怨環境，而是堅毅地、用心地面對，最後改變了環境。

遇到像咖啡豆這樣的人，就是清明如水，也不得不爲它折服。

如果你不喜歡你現在身處的位置，大可想辦法換一個位置。要是連換位置都沒有辦法，那麼你可以選擇繼續埋怨周圍的環境，或是試圖改變它。

若是你不知道該從何下手，那麼，讓我再告訴你一個小故事。

有個從一流大學畢業的高材生進入一間公司工作，才剛進去沒多久，就發現整家公司除了他以外，其餘的人全都是豬頭。

公司裡的其他同事似乎都是成事不足、敗事有餘，和這些人一起工作，工作不但永遠趕不上進度，而且還老是出紕漏。才進這家公司沒多久，這個高材生已經不知道被他的工作夥伴們「拖累」過多少次。

一天，又和往常一樣，這名高材生再度被「奸人」所害。

不知道哪個人把影印機弄壞了，而且還不知道要請人維修，而董事長和股東們正在會議室裡開會，還等著高材生把資料影印好送進去呢！

當高材生在影印機前面氣得快要跳腳時，總經理從會議室裡走出來，鐵青著臉質問高材生為什麼還不趕快把資料送進去。

高材生又委屈又焦急，連忙把事情的始末清清楚楚地向總經理解釋了一遍：「影印機不知道被誰弄壞了，那個人又很不負責任地把事情扔在一邊，我也是受害者，資料出不來，我也不是故意的……」

豈料，總經理還沒有等他說完，便打斷了他的話，生氣地說：「閉嘴！快想辦法解決！」

可不是嗎？如果想要改變環境，就不能只坐在那裡抱怨。無論什麼都好，總要想辦法做些什麼。

就算白費心機，就算徒勞無功，都比你什麼也不做來得好。

至少，你是像煮開的咖啡豆一樣，很努力地在散發香氣，不是很委屈地壓縮自己、隨波逐流。

至少，你是實實在在地做了些什麼，不只是空想而已。

錯把小人當好人是誰的錯？

一個能夠體諒自己的人，才有能力體諒別人；一個懂得反省自己的人，才有機會一步步遠離那個愚昧無知的自己。

不要感慨沒有人瞭解自己，實際上不被自己瞭解的人更多。

別人誤解你，不是他的錯，想一想，你又錯看了多少人卻不自知呢？

據說法國哲學家伏爾泰的性格一向放蕩不羈、直來直往。某次，在一場聚會中，伏爾泰當著眾人的面，將一名同輩作家大大讚揚了一番。

沒想到，在座的某個人聽了，卻爲他叫屈，仗義執言地指出：「聽到您這樣稱讚這位先生，我眞是爲你感到不平。你知道嗎？坊間所有不利於你的壞話、新聞，都是從這位先生的嘴裡傳出來的，他經常在你背後說你的不是，你要小心一點才是啊！」

「喔，是這樣嗎？」伏爾泰嘆了口氣，沉痛地說：「這麼看來，我們兩個人都說錯了。」

被人反咬一口的滋味一定很不好受，但這就一定是對方的錯嗎？

不，更大的可能，是你看錯了他，誤把小人看成是好人。

如同伏爾泰所說：「這麼看來，我們兩個人都說錯了。」在責怪別人的同時，也應該要先好好檢討自己。

別人對不對並不重要，別人說的話究竟有幾分眞、幾分假也不重要，自己對才是最重要的。

既然自己也誤解了對方，又怎麼能夠怪別人錯誤地評斷你呢？

越是責怪別人，只會讓自己的心越不平。相反的，當你領悟自己也有錯的時候，反而能夠輕易地放下心頭那塊大石。

別人的缺點是他自己的責任，你只要扛起自己的責任就好。一個能夠體諒自己的人，才有能力體諒別人；一個懂得反省自己的人，才有機會一步步遠離那個愚昧無知的自己。

PART 11

心機，讓你做人更高明

鋒芒太露往往招來橫禍，反倒是不突出也不突兀，平凡平靜，這才是得來不易的幸福。

做人寧可忍一口氣

忍一時，不僅是風平浪靜、海闊天空，這口吞忍下來的晦氣，說不定有一天還會變成你一飛沖天的原動力！

別人欺負你，你就乖乖讓他欺負吧！

這不是鼓勵犯罪，是保護自己。

在你有把握之前，寧可沉默吃虧，也千萬不要隨便做出任何反擊。

兩個剛退役的海軍士兵回到他們家鄉，決定到村子裡的酒吧輕鬆一下。幾杯黃酒下肚之後，他們的膽子變大了，行事也漸漸失去分寸。

就在他們回家途中，遇到一個小男孩正用繩子拉著一頭驢子，向他們迎面走來。這兩名醉醺醺的海軍士兵想要拿他尋開心，便故意擋住小男孩的路，毫不客氣地羞辱他說：「喂，小鬼，爲什麼你兄弟和你一起散步時，脖子上還得繫著一根繩子？」

「喔，是這樣的，」只見小男孩和顏悅色地回答：「我這麼做，是爲了不讓牠去當海軍啊！」

小男孩說完話之後，便微笑地走開了。第二天，鄰人在路邊的草叢裡發現了小男孩的屍體。

日子難過，越要笑著過

這個小男孩很機智，卻不夠機警。想一想，換成你是那兩名遭反諷的海軍，在酒精作用下聽到這麼不中聽的話，是會默默隱忍、自討沒趣？還是會惱羞成怒、狠心報復？

我想，一定是後者的可能性比較大吧！既然對方都已經表現得這麼無理了，怎麼還可能聽你講道理？

記住，做人寧可忍一口氣，也不要得罪小人。

世界上無聊又喜歡挑釁的人何其多，若是你因此被他壞了一整天的心情，或是因而表現得和他一樣沒水準，那麼你正是中了他的詭計！

對付小人最好的辦法，就是把他們當空氣。

與其花費力氣和這些小人較勁，不如加緊腳步走得快一點、爬得高一點，徹底遠離這些小人。

忍一時，不僅是風平浪靜、海闊天空，這口吞忍下來的晦氣，說不定有一天還會變成你一飛沖天的原動力！

鋒芒太露，小心招來橫禍

鋒芒太露往往招來橫禍，反倒是不突出也不突兀，平凡平靜，這才是得來不易的幸福。

做一個平凡人的最大好處是，你可以盡情地批評那些不平凡的人，而且沒有人會說你不對。因爲，「道人長短」這件事對大多數的平凡人來說，是再平常不過的事。

某公司聘請了一位能力高強、表現非常出衆的專家。

自從他新官上任以後，處處受到董事長的禮遇，令其他巴望關愛眼神的高層十分眼紅。

一天，這位專家親自來到了董事長的辦公室，要求請假一周，其他人知道了，紛紛在暗地裡說些酸葡萄的話。

他們說，董事長對這名專家如此器重，一定會批准他的假期，說不定還會主動提供他有薪假期呢！

也有人說，這個專家請假，其實是別有心機，他是故意在公司最忙的時候請假，好讓董事長知道他的重要性。

就在大家眾說紛紜之際，這名專家從董事長辦公室走出來了。

只是，出乎大家的意料之外，專家的臉上似乎寫著滿腔無奈，完全沒有眾人預料的意氣風發，究竟這是怎麼一回事呢？

一名好事者假好心上前詢問專家，只見他垂頭喪氣地說道：「我請假一個禮拜，董事長卻只答應給我三天。我跟董事長說，三天實在不夠，沒想到他卻回答我說：『你是個能幹的專家，別人需要七天才能辦好的事，我相信你只要三天就能辦好了……』」

能幹的人做起事的確比普通人迅速輕鬆，但正因爲如此，他們往往必須做得比別人還要多。

聰明的人看事情的確比一般的凡夫俗子還要透徹，但也正因爲如此，他們通常會比別人擁有更多煩惱。

能力越強的人，肩上背負的責任越大。

爲了不辜負上天賜予他們的才能，他們必須比其他人更加成功，也必須要比其他人擁有更多企圖心，當然，也必須要付出比其他人更多的努力，才能讓他們的能力與成就成正比。

如此種種，便注定了勞碌的一生。

不要埋怨自己的資質不如人，因爲天資不夠，並不表示你的運途不好。

有些人有才也有德，才德兼備，是天將降大任於斯人也。有些人有才卻無德，即使擁有了十八般武藝，終究也只是隻會耍弄的猴子。

另外一些人無才卻有德，這種人做人做事都只秉持著「簡單」兩個字，這才是眞正受到老天爺喜愛的寵兒。

正所謂「人怕出名豬怕肥」，鋒芒太露往往招來橫禍。反倒是不突出也不突兀，平凡平靜，這才是得來不易的幸福。

心壞沒有人知道，嘴壞卻能傳千里

無論你的用心再怎麼良苦，見解再怎麼精闢，如果缺乏了委婉的語氣、適當的措辭，便很難讓人聽得進去。

任何人都有資格批評任何事，但是任何人都應該儘量避免得罪其他人。

某場演唱會裡，一名聽眾向坐在旁邊的男士批評台上正在演唱的那個女人：

「你聽聽，多可怕的聲音！你知道她是誰嗎？」

「知道，」男士點了點頭，態度沉穩地說：「她是我的妻子。」

「噢……不知者不罪，請你原諒我的冒昧。」那名喜歡批評人的聽眾察覺自己的失誤，尷尬之餘立即亡羊補牢地說：「當然，她的音質並不壞，實在是那首歌寫得太差了，根本沒有辦法表現出她聲音的美感，眞不知道這首難聽的歌是誰寫的！」

「嗯，是我寫的。」旁邊的男士回答。

日子難過，越要笑著過

如果說讚美別人是一種好習慣，那麼任意批評別人，同樣也是一種長期積累而成的壞習慣。

那些喜歡批評的人，通常都是禍從口出而不自知。他們滿腦子裝載了負面的想法，看事情永遠只選最陰暗的那一面看，可想而知，從他們口中說出來的，當然也不會是什麼好聽的話。

偏偏這種人通常都缺乏自覺，認爲自己只是「實話實說」，或是「據理力爭」，更錯誤地以爲人人都應該跟自己抱持著相同想法。一旦得罪了別人，他們往往會天眞地認爲，自己只是好言相勸、忠言直諫而已，若是對方不能接受他的意見，那是他們心胸狹窄，太不受教！

正所謂「心壞沒有人知道，嘴壞卻能傳千里」，無論你的用心再怎麼良苦，見解再怎麼精闢，如果言談之間缺乏了委婉的語氣、適當的措辭，便很難讓人聽得進去。

不要讓批評變成你不自覺養成的一種習慣，寧可多講好話，甚至多講假話，也不要隨便講別人的壞話。

好話、假話或許會混淆是非，阻礙社會進步，但是壞話，卻只會增加人與人之間的仇恨。如果你不贊同我的話，你可以反擊我、說服我，但請千萬不要任意批評我。

和對你不好的人變成朋友

想要在這個不好不壞的世界裡保有一顆純淨無污染的心靈，就是試著把別人對你的壞，通通朝向好的方面看。

證嚴法師開示信眾的時候，曾經說過：「欣賞別人，就是莊嚴自己；原諒別人，就是善待自己。」

當我們懂得莊嚴自己、善待自己，不去苛責別人，便是成就自己。

不要曲解別人的好意，也不要誇大別人的惡意，這個世界上或許有無惡不做的壞人，但是，至少在你的心裡、你的世界裡，這種人並不存在。

一次，一名神色匆忙的軍官因爲急著從這間辦公室趕到另外一間辦公室，在樓梯間的轉角處不小心撞上了一個迎面走來的人。

當他看清了這個被自己撞個滿懷的人竟然是當今的林肯總統時，不由得大吃一驚，連忙向總統先生賠不是。

只見這名軍官雖然神色驚慌，但態度卻依然畢恭畢敬地說：「眞是對不起，總統先生，請容我向您致上一萬個抱歉。」

「一個抱歉就已經足夠了。」林肯笑了笑，回答說：「但願全軍的行動都能如此迅速。」

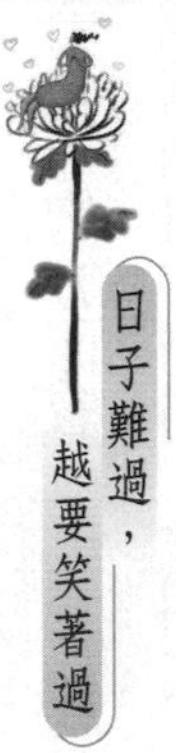

不管你目前擁有什麼樣的成就、地位或財富，妥善控制自己的情緒仍舊是必須的，因爲你可以把它當作自我修養境界的提升，有時候也可以從中獲得有形的以及無形的助力。

我們的週遭，每天都會發生一些不如意的事；我們的身旁，隨時都充斥著幾名隱藏在暗處的小人。

每個時代，都是最好的時代，也都是最壞的時代，如果想要在這個不好不壞的世界裡保有一顆純淨無污染的心靈，唯一的辦法，就是試著把別人對你的壞，通通朝向好的方面看。

能夠和對你好的人做朋友，當然很可貴，但是能和對你不好的人變成朋友，這才是眞正的智慧。

自私的人都有自私的理由

自私的人通常也有自私的理由，充分了解他們的理由之後，或許你會發現，你比他們更加自私。

人不爲己，天誅地滅；但若人過度自私，也會天誅地滅。

自私是人性最大的弱點，去痛斥別人的自私行爲，說穿了，不也正說明了自己的私心！

一輛火車停靠在一個小站，車內的一名乘客從車窗向外看，看見一個在月台上兜售糕餅的老婦人。這個乘客覺得肚子有點餓，想要買塊糕餅吃，但那個老婦人站在離車廂相當遠的地方，乘客實在不想下車走過去。

正當他感到十分猶豫之際，月台上迎面走來一個乞丐小孩。

這名乘客馬上靈機一動，想出了一個好辦法。

他伸手招來這名乞丐小男孩，問他說：「你知道一塊糕餅多少錢嗎？」

「五塊錢，先生。」小男孩毫不考慮地回答。

乘客於是把十塊錢交到男孩手上，吩咐他說：「你去替我買塊糕餅，另外的五塊錢，就幫你自己買一塊吧。」

幾分鐘之後，小男孩回來了，他吃著一塊餅，還給乘客五塊錢，一臉無辜地對他說：「只剩下一塊餅了，先生。」

日子難過，越要笑著過

自私沒有錯，錯的是那些高估了人性的人。

幾年前，曾經發生過一起郵輪翻覆事件，當時，輪船上所有人都掉落海裡，其中有一名帶著三個孩子的母親。由於較大的兩個孩子都會游泳，只有三歲的小兒子完全不諳水性，所以這名母親在慌亂中，試圖拖著她的小兒子一起游泳，卻發現這根本不是她能力範圍所能做到的事。這名母親只好退而求其次，一手抱著小兒子，一手用力打水，努力把兩人的頭探出水面，當時他們距離岸邊，還有遙遙的距離。

不知道過了多久的時間，母親的體力漸漸消耗殆盡，她意識到如果再這樣下去，她們母子倆可能會一塊兒溺死。終於，經歷一番天人交戰之後，母親選擇放下懷中的小兒子，獨自一人奮力游到岸上。

事後，有人斥責這名母親置小孩的性命不顧，根本沒資格當個母親。

她滿腹委屈，只能不停地流著眼淚，痛苦地說：「不是我自私，也不是我貪生怕死，而是……另外兩個孩子也同樣需要我照顧啊……」

自私的人通常也有自私的理由，充分了解他們的理由之後，或許你會發現，你比他們更加自私。

身邊的小人，有時也是我們的貴人

在奮鬥過程中，總需要有幾個對手、幾個假想敵，他們其實是所有成功者的幕後推手，用另外一種形式幫助你。

別人對你不好，對你而言未嘗不是一件好事。

正因爲他對你不好，所以你才要對自己更好；正因爲他對你不好，所以你才要讓自己過得比他還好。

有一位青年畫家在還沒有成名之前，住在一間狹窄的小房子裡，專門畫一些人像維持生計。

一天，一名富翁經過青年畫家的小房子，看見他畫工精緻，非常喜歡他的畫風，便請他替自己畫一幅人像。

雙方說好，一幅人像的酬勞是一萬元。

幾天之後，富翁的畫像完成了，他看見畫中栩栩如生的自己，感到非常滿意，只是，這名畫家名不見經傳，資歷又不是很深，若是讓他這麼輕易就賺走一萬元，豈不是太便宜他了嗎？

富翁心想：「肖像畫裡的人是我，這幅畫如果我不買，還有誰會買？既然如此，我又何必花這麼多錢買這幅畫呢？」

於是，富翁拍了拍青年畫家的肩膀，說他只願意出三千元買這幅畫。

青年畫家從來沒遇過這種事，他是個靠賣畫維生的人，怎麼可以任由客人不守約定討價還價？只是，任憑他好說歹說，富翁卻像吃了秤鉈鐵了心一樣，始終不願意改變主意，還撂下一句重話說：「三千元，賣不賣？隨便你！總之，我是不可能再出比這個更高的價錢了！」

青年畫家知道富翁欺負自己年輕無名，說什麼也不肯吞下這口氣，他用堅定的語氣對富翁說：「我的決定是——我不賣。因爲我寧可不賺你的錢，也不願意受你的屈辱。今天你說話不算話，違背交易的誠信，將來，我一定要你付出二十倍的代價。」

「笑死人了！你也不用大腦想一想，二十倍那是二十萬耶！誰會笨得花二十萬元買這幅畫！」

青年畫家沒有說話，他只是在心裡種下了一個無比重大的決心。

沒過多久，這名畫家就搬離了這座城市，到別的地方重新拜師學藝。

他夙夜匪懈，一心只想要出人頭地，在畫壇上闖出名堂。終於，十多年之後，青年畫家逐漸在藝術界裡嶄露頭角，成爲一位名氣響亮的人物。

至於那名富翁，他依舊有錢，生活也依舊優渥，只是，有一件不尋常的事悄悄發生在他身上。

某天，他的幾位朋友不約而同地前來告訴他說：「眞是奇怪了！前幾天我們去參觀一位名畫家的畫展，其中有一幅畫註明不二價，畫中的那個人居然跟你長得一模一樣，標價是二十萬元。你猜這幅畫的標題叫什麼？我看你可能做夢都猜不出來，這幅畫的標題竟然是——『賊』！」

富翁一聽，臉上一陣青又一陣紅，想起了十多年前自己佔人便宜的那檔事，連忙前去找當年的那位畫家，誠懇地對他表示歉意，並且花了二十萬買回那幅畫像，以免自己的形象繼續受損。

就這樣，這個青年憑著那股力爭上游的鬥志，總算爲自己討回一個公道。他的名字，叫做畢卡索。

日子難過，越要笑著過

除非你同意，否則任何人都無法傷害你。

除非你自己先行倒下，否則沒有任何人可以用言語將你擊垮。

我們身邊的一些小人，有時也是我們的貴人，如果沒有他們，或許我們永遠都不會有非成功不可的動機與決心。

小人的存在，的確很容易把我們的生活搞壞，但也正因爲如此，這些小人等於不斷地在提醒我們，除非你可以讓自己更上一層樓，爬到小人們望塵莫及的境地，否則，就別想要輕易擺脫他們！

每個人在奮鬥過程中，總需要有幾個對手、幾個假想敵，這些所謂的小人令你在疲倦的時候不敢怠惰，在得意的時候不至於忘形。換個角度來看，小人其實是所有成功者的幕後推手，他們是在用另外一種形式幫助你，而你是否也應該轉換另外一個心態看待他們呢？

我們不是天使，我們只是凡人

雖然我們不能控制負面情緒發生，但是至少可以選擇不讓這些不好的情緒暴露出來，以免讓人際關係變得不可收拾。

生氣的時候批評人，你是在發脾氣；但是，心平氣和的時候批評人，你是在講道理。

和顏悅色地罵人，對方不敢不豎起耳朵認眞聽。

但是，劍拔弩張地罵人，無論你的話說得再好，人家也只會叫你：「不要激動，不要激動，有話好好講……。」

生氣的時候，我們應該怎麼辦？

有個年輕人問哲學家培根：「如果有個人用惡毒的話罵我，同時也罵我的父母，我該怎麼辦呢？」

「喔，這個人眞是太過分了。」培根皺起眉頭說：「你應該寫封信給他，狠狠地回敬他幾句！」

「嗯，這眞是個好主意！」年輕人聽了，立刻提筆開始寫信，他在信中措辭強烈，把對方罵個狗血淋頭，一連寫了滿滿三張信紙，才心滿意足地放下筆，緩緩地吐出胸中的一口怨氣。

培根看了年輕人的信，讚許地拍了拍他的肩膀說：「對了！就是這樣！把你心中所有的不快全都發洩出來！對付這種人，就是應該這樣子！」

年輕人受到鼓勵，感到非常高興，連忙把信裝到信封裡，準備要貼上郵票。不料，這時培根卻問：「你在做什麼？」

「把信寄出去啊！」年輕人理所當然地說。

「不用寄了。」

「爲什麼？」

培根說：「當你寫完這封信以後，你還像之前一樣生氣嗎？既然你的氣已經消了，那麼這封信當然也不用寄了啊！現在，就請你把它揉掉吧！」

我們不是天使，我們只是凡人。只要是人，就一定會有情緒，會氣憤、會懊惱、會感到怨懟與憎恨。雖然我們不能控制這些負面情緒發生，但是至少可以選擇不讓這些不好的情緒暴露出來，以免讓原本就已經很惡劣的人際關係，變得更加惡劣。

或許你會認爲這等於是帶著僞善的面具做人，一點也不符合自己率眞坦白的個性。但事實上，這不是「虛假」，而是「圓融」。

如果眞的討厭一個人，如果眞的對那個人的所作所爲有意見，你當然可以直率地告訴他你的感覺，但是，請不要在生氣的時候說。

憤怒時所說的話，往往欠缺考慮，也有失厚道。你以爲自己是不平則鳴、仗義執言，然而聽在人家耳裡，卻只當你是隻生氣的瘋狗在亂咬人。試問，你情何以堪哪！

那些所謂高EQ的人，並不是沒有情緒的人。他們只是懂得理智地化解自己的情緒，不讓別人有機會看見自己面目猙獰、怒髮衝冠的醜態，也不在別人心裡留下暴躁難搞的壞印象。

只要做得對，就會問心無愧

不要做「好」事，要做你認為「對」的事；不要求「好報」，「問心無愧」便已是最好的回報。

熱心幫助別人，你得到的未必是快樂。但若是因此就不去幫助別人，你會更加不快樂。

有個小故事是說，在一座小鎮的郵局大廳內，一名老太太來到一位中年男子面前，禮貌地請求他說：「先生，我忘了戴老花眼鏡，沒有辦法看清楚我眼前的東西，請你幫個忙，替我在明信片上寫上地址好嗎？」

「喔，小事一樁。」樂於助人的中年男子接過老太太手中的明信片，按著她的要求照做了。

「謝謝。」老太太面露欣喜之色，隨後看了看那張明信片，再度向中年男子提出要求：「是這樣的，我還有個不情之請，能不能麻煩你再替我寫上一小段話好嗎？」

「好，沒問題。」中年男子再次答應了老太太的請求。

等到他寫完之後，把明信片交還給老太太，微笑問道：「還有什麼需要我幫忙的地方嗎？」

「嗯，還有一件事情要麻煩你，」老太太說：「請你幫我在底下的地方加一行字，寫說：字跡潦草，請勿見怪。」

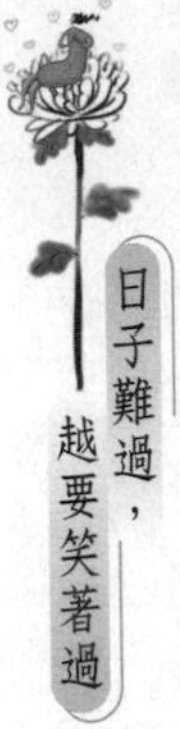

你是否也曾遇過類似的狀況，好心幫助別人，卻反遭人批評？

看到辦公室裡的水快要喝完了，你自告奮勇替大家換上一桶新的蒸餾水，卻反而引來別人竊竊私語，在背後說：「看吧，那傢伙又在表現了！」

看到女同學被外校的男生欺負，你勇敢地上前勸阻，還以爲自己演出了一場充滿正義的英雄救美，豈料，那個被解救出來的美女卻悻悻然地回頭對你這隻狗熊說：「誰要你多管閒事的！我們只是在鬧著玩！」

眞心付出，卻換來對方無情的回應，難免讓人感嘆好心沒有好報。

但若問問自己，如果事情再重演一次，如果同樣的情況再度出現在你眼前，你是否仍然會出手相助？相信善良的你，即使明知道沒有好下場，也絕對不會冷漠地坐視不管。既然如此，又何必在意別人怎麼說、怎麼想呢？

不要做「好」事，要做你認爲「對」的事；不要求「好報」，「問心無愧」便已是最好的回報。

世界上最艱難的事情之一，就是你明知道當好人得不到半點好處，卻還是繼續堅持做一個好人。

最好要有一點點心機

太有心機的人往往活得比別人還累，但完全沒有心機的人，則會連自己是怎麼死的都不知道。

話說有三個會計師和三個工程師到外地開會。

在上車之前，三名會計師買了三張火車票，可是那三名工程師卻只買了一張票。會計師們感到很納悶，便問其中一名工程師說：「爲什麼你們明明有三個人，卻只買了一張票呢？」

「等上車之後就知道了。」工程師語帶神秘地說。

待火車開動以後，三個會計師各自坐在自己的座位上，而三名工程師則一塊兒躲在車廂的廁所裡，一直到查票人員來到廁所門前敲門說：「驗票！」廁所門才打開了一個細縫，從裡頭遞出了一張車票。

這三個人於是只花了一張票的錢，順利坐火車到達目的地。

等到他們一行人在外地辦完事，準備踏上歸途時，三名會計師決定仿效工程師的做法，三個人共同買了一張車票。

奇怪的是，這一回，工程師們卻連一張票也沒有買！

三名會計師看得嘖嘖稱奇，疑惑地問道：「你們爲什麼不買票呢？」

三名工程師同樣神秘兮兮地說：「等上車以後，你們就知道了。」

待火車開動後，這六個人分別躲在兩間廁所裡。三名會計師擠在車廂前頭的廁所中，三名工程師一同擠在車廂後頭的廁所裡。

不一會兒，一個工程師走到那三名會計師躲著的那間廁所門口，敲了一下門說：「查票！」

現代人如果想在社會上安身立命，多少都要用點心機。「沒有心機」的同義詞，叫做「白目」。若是一個人經常得罪人卻不自知，或是完全不懂得察言觀色，那麼無論心地如何善良眞誠，相信也不會有太多人懂得欣賞。

心機重的人，通常也是聰明的人。用心機謀取一己私利，這叫做「聰明反被聰明誤」，遲早會偷雞不著蝕把米；但若把心機用在正確的地方，進而做到通曉世事、人情練達，又有什麼不好呢？

太有心機的人往往活得比別人還累，心機不夠的人通常機會也比別人少，但完全沒有心機的人，則會連自己是怎麼死的都不知道。因此，想在這個社會上活下去，最好還是有一點點心機，以及很多很多的道德良知。

黛恩 著

改變心情，就能心想事成 全集

Change Your Mind

與其怪罪環境，**不如調整自己的心境**

作家西里曾經寫道：「**同樣一件事情，用不同的心情去面對，最後所得出來的結果，通常會大相逕庭。**」
確實，心情是決定事情成功與否的重要關鍵，心境一旦改變，事情就會朝不一樣的面向發展。
遭遇失敗、挫折、痛苦的時候，與其怪罪環境，不如調整自己的心境。
生命是由喜悅與悲傷、幸運與不幸、希望與失望交織而的，想要心想事成，就必須試著改變面對環境的心情。

生活良品

66

日子難過，越要笑著過 全集

作　　者　文蔚然
社　　長　陳維都
藝術總監　黃聖文
編輯總監　王郡凌
出 版 者　普天出版家族有限公司
新北市汐止區忠二街 6 巷 15 號
TEL / (02) 26435033 (代表號)
FAX / (02) 26486465
E-mail：asia.books@msa.hinet.net
http://www.popu.com.tw/
郵政劃撥 19091443 陳維都帳戶
總 經 銷　旭昇圖書有限公司
新北市中和區中山路二段 352 號 2F
TEL / (02) 22451480 (代表號)
FAX / (02) 22451479
E-mail：s1686688@ms31.hinet.net
法律顧問　西華律師事務所・黃憲男律師
電腦排版　巨新電腦排版有限公司
印製裝訂　久裕印刷事業有限公司
出 版 日　2023 年 3 月第 2 版第 1 刷
I S B N◉978-986-389-858-0　條碼 9789863898580

國家圖書館出版品預行編目資料

日子難過，越要笑著過 全集／
文蔚然著.—第 2 版.—：新北市,普天出版
2023.03 面； 公分. - (生活良品；66)
I S B N◉978-986-389-858-0 (平裝)